LES
DEUX COUSINS.

8e SÉRIE IN-12.

Eugène Ardant et Cie

LES
DEUX COUSINS

COMÉDIE EN TROIS ACTES

suivi de

LE PETIT RAMONEUR

DRAME EN DEUX ACTES

PAR Mme LA COMTESSE DE LA ROCHÈRE.

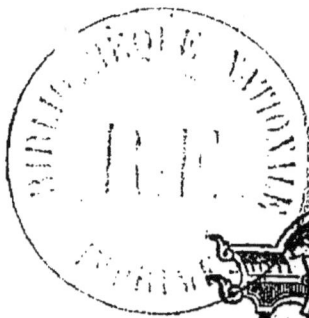

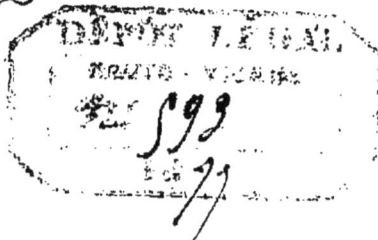

LIMOGES
EUGÈNE ARDANT ET Cie, ÉDITEURS.

—

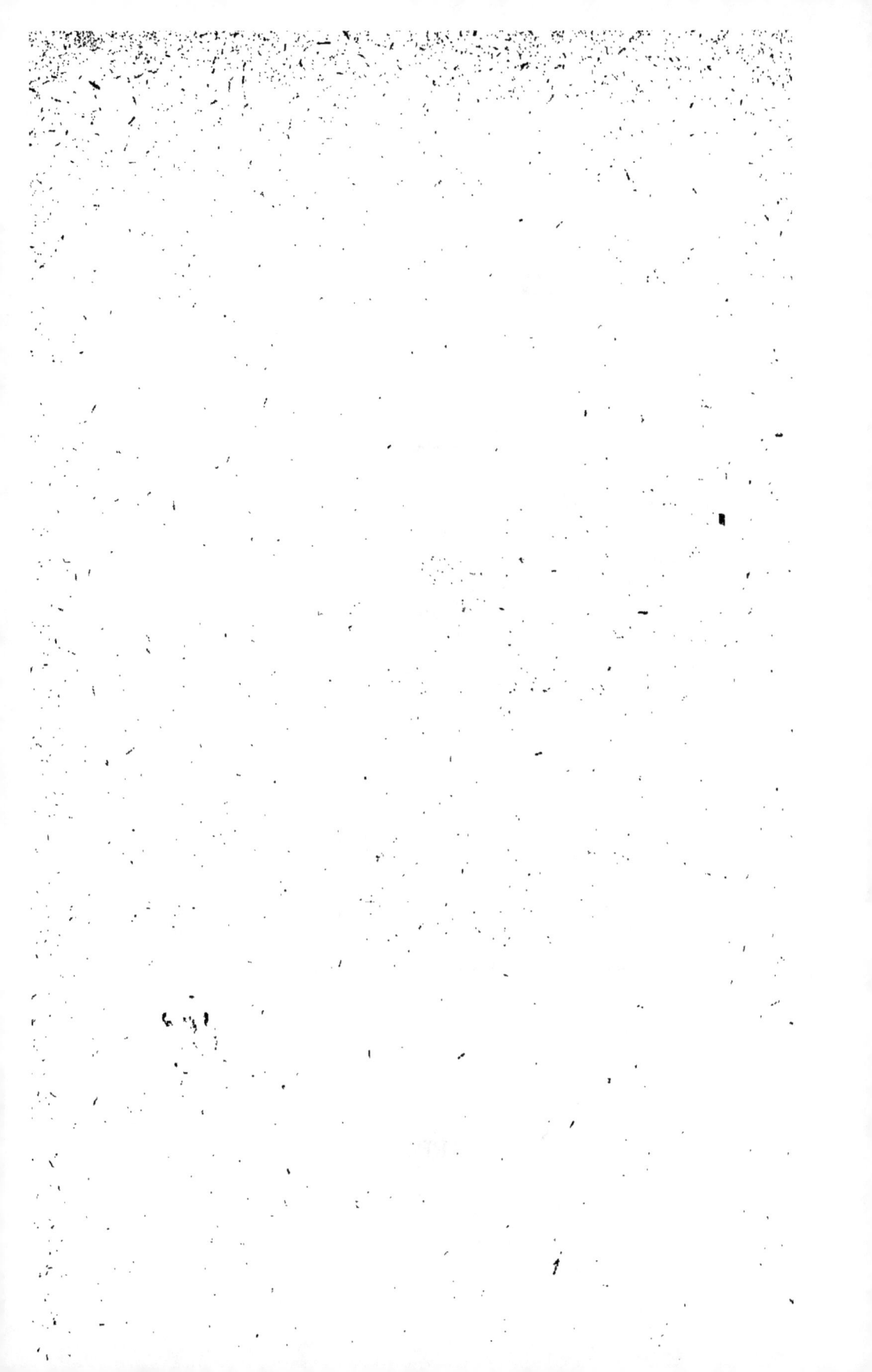

LES
DEUX COUSINS.

PERSONNAGES.

M. D'ANGERVILLE, vieillard de 80 ans.
M. D'APREMONT, sous le nom de VALMONT, âgé de 75 ans.
PAULIN D'APREMONT, 19 ans.
AMAURY, précepteur, 18 ans.
ERNEST, petit-fils de M. D'ANGERVILLE, 12 ans.
PIERRE, vieux militaire, marchant avec une béquille, intendant de M. D'ANGERVILLE.
DÉROSOIR, ancien précepteur d'ERNEST.
Un notaire, personnage muet.

ACTE PREMIER.

(Le théâtre représente le salon du château. Au lever du rideau, Amaury est assis devant un chevalet, et copie un tableau attaché à la muraille.)

SCÈNE Iʳᵉ.

AMAURY, PIERRE, qui entre un instant après.

PIERRE.

Quoi! déjà au travail, M. Amaury? en

vérité, voilà qui n'est pas raisonnable, vous finirez par vous rendre malade.

AMAURY (souriant).

Ne crains rien, mon vieil ami, je suis jeune et fort. Le travail ne fatigue point, à mon âge.

PIERRE.

Eh bien! c'est précisément le contraire; un jeune homme a besoin de dormir tout son aise; et j'ai beau me lever de bonne heure, vous êtes toujours plus matinal que moi. Cela n'est pas raisonnable, vous dis-je.

AMAURY.

M. d'Angerville m'ayant donné la permission de copier ce tableau, tu sens bien qu'il faut que je profite de mes matinées.

PIERRE.

Je sens... je sens que vous êtes un enfant qui ne connaissez pas le prix de la santé. Je sens que vous êtes maigre et pâle, ni plus ni moins qu'un déterré, et que pour peu que cela continue, vous sauterez le pas, et vous irez rejoindre votre pauvre père dans l'autre monde : voilà ce que je sens, moi.

AMAURY.

Mais.....

PIERRE.

Il n'y a pas de mais qui tienne. Cette nuit, à une heure, il y avait encore de la lumière dans votre chambre, et je parie que vous étiez à griffonner devant votre table, comme à votre ordinaire.

AMAURY.

Ne faut-il pas que je me prépare à subir mon examen?

PIERRE.

Parbleu ! lorsque vous aurez attrapé une bonne maladie, qui vous tiendra trois mois dans votre lit, comme l'année dernière, vous serez bien avancé, n'est-ce pas, vous et madame votre mère? Du reste, pour plus de sûreté, vous saurez que, dès ce soir, je mettrai la clef du salon dans ma poche, et que vous n'y entrerez pas avant six heures.

AMAURY (*souriant*).

Voilà qui peut s'appeler du despotisme,

par exemple! m'empêcher d'achever mon
tableau. Heureusement que toutes tes menaces ne m'effraient guère, mon vieux.

PIERRE.

Oui, oui, riez tant qu'il vous plaira.
Vous verrez si j'oublie de fermer la petite
porte, comme l'autre jour, où vous êtes
entré en contrebande. Croyez-vous que je
ne m'en étais pas aperçu? mais à présent,
il n'y aura plus moyen. Un vieux lapin
comme moi ne se laisse pas faire la queue
deux fois de suite. Ainsi, pas avant six
heures, mon garçon; de cette manière vous
dormirez, au moins.

AMAURY.

A t'entendre, ne dirait-on pas que c'est
une grande affaire, deux heures de sommeil de plus ou de moins; d'ailleurs, l'air du
matin m'est salutaire.

PIERRE.

Oui, vous le prenez joliment, l'air du
matin.

AMAURY.

Je me porte à merveille, te dis-je; ainsi,

mon bon Pierre, tu laisseras la clé du salon ?...

PIERRE.

Non, non, mille fois non.

AMAURY.

C'est ce que nous verrons.

PIERRE.

Oui, nous verrons si le fils de mon pauvre maître se tuera de travail sous mes yeux, comme un cheval qui tombe sous sa charge, tandis que tant d'autres, qui ne sont pas de si bonne maison, se dandinent sans rien faire. Mille-z-yeux, en vous plaçant ici, j'ai répondu de vous corps et âme, et il ne sera pas dit que j'en aie le démenti, entendez-vous ? Ainsi, vous dormirez, vous mangerez, et même vous engraisserez.

AMAURY.

Allons, ne te fâche pas, mon vieux. Raisonnons tranquillement ensemble, je veux avoir fini mon tableau dans huit jours.

PIERRE.

Vous le finirez dans quinze.

1.

AMAURY.

Il faut absolument que madame de Raymond le reçoive avant la fin du mois.

PIERRE.

Elle l'aura le mois prochain. Ne vous a-t-elle pas dit devant moi de le prendre à votre aise, qu'elle n'était pas pressée ?

AMAURY.

Oh! mon pauvre ami, tu ne sais pas le motif qui me fait agir ! De grâce, la clef du salon pendant huit jours encore?

PIERRE.

Etes-vous entêté...

AMAURY.

Mon bon Pierre, toi qui es mon ami...

PIERRE.

Diable d'enfant, qui me mène par le bout du nez... Mais dites-moi vos raisons, que je sache au moins.....

AMAURY.

Impossible!... ne me presse point là-dessus.

PIERRE (se frappant le front).

Imbécile que je suis, n'aurais-je pas dû le

deviner ? Combien vous a-t-on promis de ce tableau ?

AMAURY (*rougissant*).

Cinquante francs.

PIERRE.

Ce n'est pas cher ; mais ça fait votre affaire, et je devine tout maintenant. La saint Jean qui arrive, c'est le terme du loyer de Madame.

AMAURY.

Hélas ! oui.

PIERRE.

Excellent garçon ! Mais n'empêche que vous avez tort tout de même, et vous n'êtes qu'un ingrat, un méchant. Au lieu de vous échiner au travail, pourquoi ne pas venir me dire tout bonnement : « Pierre, mon vieux, ma mère a besoin de cinquante francs, arrange-toi pour me les trouver, et je te les rembourserai plus tard. » Voilà comment parle un homme de bon sens à un vieux serviteur de son père ; mais non, vous aimez les cachotteries, tout comme Madame, qui me reconnaît à l'église et reste deux mois dans ce village,

sans me faire la grâce de me parler, et si
le hasard ne m'avait fait vous découvrir,
vous seriez encore, vous, sans place; et Madame et les petits manquent de tout ! Maudite fierté, qui vous a valu cette grosse
maladie, dont vous avez manqué mourir.
Tudieu ! quand je pense à tout cela, le
cœur me saigne, et je suis d'une colère...
Oh ! si vous me permettiez de parler, de
dire votre vrai nom !

AMAURY.

Et à quoi cela nous servirait-il, mon
pauvre Pierre ?

PIERRE.

A trouver des amis, donc. Tous ces beaux
messieurs et ces belles dames, qui venaient
autrefois chez votre père, et lui aidaient
à manger son bien, soit dit sans vous fâ-
cher, ils auraient soin de sa veuve, sans
doute. Madame a des parents qui vien-
draient à son secours.

AMAURY.

Oh ! mon ami, tu juges tous les hommes
sur toi-même. Avant de se fixer dans ce
village, ma mère alla trouver madame

d'Apremont, sa belle-sœur, pour lui emprunter cent écus, dont elle avait un extrême besoin ; croirais-tu, Pierre, que cette faible somme lui fut durement refusée, on lui reprocha nos malheurs comme des crimes, et quand les mots dont cette femme osa se servir me reviennent en mémoire, je sens la rougeur me monter au visage.

PIERRE.

Sotte créature que votre tante ; mais, grâce à Dieu, tout le monde ne lui ressemble pas, autrement il faudrait aller vivre avec les ours, plutôt qu'avec les hommes.

AMAURY.

Non certes, tout le monde n'est point ainsi, et tu es bien la preuve du contraire, toi qui as reconnu ma mère après vingt-cinq ans d'absence, toi qui es venu si généreusement à notre secours, toi à qui je dois ma place de précepteur, les habits que je porte, la maison.....

PIERRE.

Ah ça ! quelle litanie chantez-vous donc là ? Ne vous ai-je pas dit mille fois que ie

devais tout à monsieur votre père, que
j'étais sans parents, un enfant de l'hôpital,
quoi ! Il m'a pris par charité à l'âge de six
ans, j'ai été élevé chez lui, et il fut toujours pour moi un excellent maître. Il vou-
lait me faire un remplaçant quand je suis
tombé au sort, c'est moi qui ai refusé, c'é-
tait mon idée d'être soldat; ma pauvre jambe s'en est mal trouvée et votre fortune
aussi, car peut-être si j'avais été là.....
Enfin c'était écrit, comme disent les Bé-
douins ; mais j'entends Monsieur qui descend. (*Lui aidant à ranger sa boîte de cou-
leurs.*) Emportez tout ceci, demain vous
aurez les cinquante francs.

AMAURY.

Mon cher Pierre, tu vas te gêner pour
moi. Je sais bien que tu nous as déjà prêté
toutes tes économies.

PIERRE.

De quoi vous mêlez-vous? Allez, allez,
vous dis-je.....

AMAURY (*regardant la pendule*).

Ah! mon Dieu! il est temps de réveiller
Ernest.

SCÈNE II.

M. D'ANGERVILLE, PIERRE.

—

PIERRE.

Monsieur a-t-il bien passé la nuit?

M. D'ANGERVILLE (*toussant*).

Hum! hum! pas trop mal, si ce n'était mon rhume qui me tourmente toujours un peu! (*Avec bonté.*) Et toi-même, mon invalide, comment vont les douleurs?

PIERRE (*saluant militairement*).

Trop de bonté, mon maître; assez bien quand le temps est sec; si seulement cette vilaine jambe pouvait me porter comme l'autre.

M. D'ANGERVILLE.

Monsieur Valmont est-il descendu?

PIERRE (*avançant un fauteuil*).

Pas encore. Faudra-t-il l'avertir que Monsieur est levé?

M. D'ANGERVILLE.

Non, non, ne le dérange pas; et notre nouvel arrivé?

PIERRE.

Tout est fermé chez lui.

M. D'ANGERVILLE.

Et mon petit-fils ?

PIERRE.

Monsieur Amaury vient de monter pour l'éveiller.

M. D'ANGERVILLE.

Cet Amaury est d'une exactitude... et avec cela modeste et plein de talents, mais il est d'une sévérité pour ce pauvre Ernest..... il faudra que je lui en fasse des reproches, car cet enfant est délicat, et sa santé avant tout.

PIERRE.

Bah ! jamais M. Ernest ne s'était si bien porté. ·

M. D'ANGERVILLE (*toussant*).

J'ai oublié ma tabatière, va dire à Joseph de me l'apporter.

PIERRE (*sans bouger*).

Oui, Monsieur.

M. D'ANGERVILLE.

Ah ! la voici. (*Il prend une prise de ta-*

bac.) Dis à Thérèse de préparer mon chocolat.

PIERRE.

Oui, Monsieur.

M. D'ANGERVILLE.

Eh bien ! va donc.

PIERRE.

C'est que je voudrais demander quelque chose à Monsieur.

M. D'ANGERVILLE.

Parle, je t'écoute... Eh bien !

PIERRE (*tortillant son bonnet*).

C'est que ça m'est un peu difficile à dire, voyez-vous? A nous autres soldats, on nous payait notre prêt d'avance; je voudrais donc que Monsieur m'avançât mon prêt, mais pour trois mois tout d'un coup.

M. D'ANGERVILLE.

De sorte que c'est cinquante francs que tu me demandes d'avance sur tes gages?

PIERRE.

Vous l'avez dit, Monsieur.

M. D'ANGERVILLE.

Tu les auras dès que je remonterai dans ma chambre.

PIERRE.

Bien obligé, mon maître. Je cours.....
hélas ! non, je ne puis plus courir, je vais
dire qu'on apporte le chocolat de Monsieur.

M. D'ANGERVILLE.

Un instant, mon garçon, il faut que je te
parle aussi... Pierre ?

PIERRE.

Présent.

M. D'ANGERVILLE.

J'ai peur que tu ne te déranges, mon
invalide. Depuis six mois ton argent file
avec une facilité vraiment inconcevable.
Comment, avec deux cents francs de re-
traite, et autant de gages, logé, nourri, ha-
billé, comme tu l'es, ta bouteille de vin
tous les jours, d'où vient que tu es encore
obligé de demander ton argent d'avance ?
toi qui, dans les trois premières années
passées à mon service, avais économisé
neuf cents francs ; qu'est devenu tout cela ?
Du reste, tu sens bien que ce que je t'en
dis n'est que dans ton intérêt, mon garçon...

SCÈNE III.

M. D'ANGERVILLE, PIERRE, ERNEST (qui arrive en courant)

—

ERNEST.

Bonjour, grand-papa, je viens vous demander une grâce., oh! mais quelque chose qui me ferait bien plaisir. Entendez-vous, mon petit grand-papa? (*A Pierre.*) Va donc dire à François qu'il n'oublie pas notre partie de pêche.

———

SCÈNE IV.

M. D'ANGERVILLE, ERNEST.

—

M. D'ANGERVILLE.

Eh bien! qu'est-ce donc que vous vouliez me demander, petit étourdi? mais embrassez-moi d'abord. Veux-tu des pastilles de jujube? (*Il lui présente sa bonbonnière.*)

ERNEST (*à demi-voix, après avoir embrassé
son grand-père*).

Amaury me cherche pour me faire travailler, car j'ai échappé de la salle d'étude;
je voudrais que vous lui disiez de me donner congé ce matin.

M. D'ANGERVILLE.

Et pourquoi cela, Monsieur?

ERNEST.

Oh! j'ai de bonnes raisons, et d'abord
Paulin doit me mener pêcher à la rivière.

M. D'ANGERVILLE.

Mais je ne veux pas que tu ailles à la
rivière seul avec Paulin, tu pourrais te
noyer : non, Monsieur, vous ferez vos devoirs comme à l'ordinaire, entendez-vous?
Pensez que vous avez douze ans, et que votre professeur vous trouve fort en retard.

ERNEST.

Parce qu'il est sévère, lui. M. Dérosoir
disait, au contraire, que j'étais prodigieux
pour mon âge ; mais tout cela m'est égal,
pourvu que j'aille à la pêche.

M. D'ANGERVILLE.

Avec Paulin ?

ERNEST.

Non, avec François, qui nage comme un poisson; de cette manière vous ne craindrez pas que je me noie, car si je tombais dans la rivière il m'aurait bientôt retiré; et puis je dois vous avouer, mon grand-papa, que je n'ai pas de peine à renoncer à la société de Paulin, que je n'aime plus.

M. D'ANGERVILLE.

Il me semble qu'il était fort de ton goût le jour de son arrivée.

ERNEST.

C'est vrai, cela, parce qu'il m'avait fait un beau cerf-volant, et qu'il disait que j'étais bien gentil, que j'avais de l'esprit comme un ange, ce qui me fait toujours plaisir à entendre; mais hier soir il a été menteur et méchant.

M. D'ANGERVILLE.

Comment cela?

ERNEST.

Il m'a dit qu'Amaury était un va-nu-pieds qui ne cherchait qu'à me tourmenter, et que je ferais bien de vous prier de le

chasser de chez nous ; et je l'aime, moi,
quoiqu'il soit bien sévère... Ah ! mon
Dieu ! le voici qui vient me chercher pour
réciter mes leçons ; cachez-moi donc, je
vous en prie. (*Il se fourre sous le fauteuil
de son grand-père.*) N'allez pas me trahir,
au moins.

SCÈNE V.

M. D'ANGERVILLE, AMAURY, ERNEST (sous le
fauteuil).

—

AMAURY.

Bonjour, Monsieur.

M. D'ANGERVILLE.

Bonjour, Amaury, asseyez-vous près de
moi, je voudrais causer avec vous.

AMAURY.

Je suis à vos ordres, Monsieur, mais si
cette conversation pouvait se remettre.
(*Souriant.*) C'est l'heure de ma classe, et
vous savez que je me suis fait un devoir
de l'exactitude.

M. D'ANGERVILLE.

Et sans doute votre élève est dans sa chambre, à étudier ses leçons?

AMAURY.

Vraiment non, Monsieur ; le petit drôle m'échappe sans cesse comme une anguille qui glisse entre les mains. C'est un excellent enfant, mais d'une étourderie qui me désespère ; il me fait jouer aux cachettes du matin au soir.

M. D'ANGERVILLE (*riant*).

Ah! ah! ah! De sorte que vous, qui avez de jeunes jambes, vous ne pouvez le suivre à la piste ; tandis que moi, pauvre vieillard, je parie le trouver quand je voudrai.

ERNEST (*tout bas, tirant la robe de chambre de M. d'Angerville*).

Mais taisez-vous donc, grand-papa, vous me ferez découvrir.

M. D'ANGERVILLE.

Peut-être s'est-il caché derrière ce paravent. Voulez-vous y regarder, mon cher ? Vous chercherez ensuite sous les fauteuils.

ERNEST (*tout bas*).

Ah! traître de grand-papa! (*Pendant*

qu'Amaury regarde derrière le paravent, et que M. d'Angerville le suit des yeux en riant, Ernest s'empare de la boîte de pastilles, et s'esquive sans bruit.)

SCÈNE VI.

M. D'ANGERVILLE, AMAURY.

—

M. D'ANGERVILLE.

Eh bien !.....

AMAURY.

Il n'y est point (*A part.*) J'enrage; ce n'est pas ainsi que j'avais compris mes devoirs.

M. D'ANGERVILLE (*riant encore*).

Vous ne le trouvez donc pas ? Eh bien! je le trouverai, moi. (*Il se lève et regarde sous son fauteuil.*) Montrez-vous donc, monsieur l'espiègle. Voilà qui est un peu fort, par exemple; il était là-dessous il n'y a qu'une minute. Oh! le petit scélérat! avouez, Amaury, que voilà un drôle de tour. Oh! oh! oh! (*Il a une quinte de toux.*)

Où est donc ma bonbonnière ? Je l'avais posée là sur cette table, tout a disparu en même temps, les bonbons et le petit filou. Mon Dieu ! qu'il est adroit ! Ah ! ah ! ah ! Quoi ! vous ne riez point?

AMAURY.

Je vous assure, Monsieur, que je n'en ai nulle envie ; je suis triste, au contraire, en pensant qu'avec tous mes efforts et les heureuses dispositions d'Ernest, il n'est que trop probable qu'il ne parviendra jamais.....

M. D'ANGERVILLE (*l'interrompant*).

N'est-ce pas qu'il a de l'esprit, cet enfant ?

AMAURY.

Sans doute, Monsieur... mais...

M. D'ANGERVILLE.

Une mémoire étonnante?

AMAURY.

Cela est vrai, mais...

M. D'ANGERVILLE.

Un bon cœur?

AMAURY.

J'en conviens, un cœur excellent, de la

mémoire, de l'esprit ; et malgré tous ces avantages, permettez-moi de vous dire, Monsieur, que son étourderie, son amour pour le jeu, et votre extrême indulgence paralysant absolument.....

M. D'ANGERVILLE (*souriant*).

Là, là, ne voilà-t-il pas que je vais être grondé à mon tour ? Et moi qui voulais vous demander congé, pour aujourd'hui seulement, en l'honneur de l'arrivée de Paulin. Vous sentez, en effet, qu'il n'est pas trop poli à mon petit-fils de laisser là ses camarades pour le grec et le latin.

AMAURY.

Il me semble, Monsieur, que vous aviez décidé hier au soir qu'il devait travailler tout de même.

M. D'ANGERVILLE.

Oui, en effet, je crois me rappeler... mais en réfléchissant... d'ailleurs je l'ai trouvé très rouge ce matin, il devait avoir un mal de tête.

AMAURY.

Je ne le pense pas.

M. D'ANGERVILLE.

J'en suis persuadé, quoiqu'il ne l'ait pas dit ; ainsi, grâce pour la journée entière.

AMAURY (*à part*).

Encore un jour de perdu. (*Haut.*) Vous sentez bien, Monsieur, qu'une pareille demande est un ordre pour moi ; mais je ne puis m'empêcher de vous témoigner tout le déplaisir que j'en éprouve.

SCÈNE VII.

M. D'ANGERVILLE, PAULIN.

—

PAULIN (*avec emphase*).

J'admire, Monsieur, votre patience patriarcale.

M. D'ANGERVILLE.

Vous étiez là, monsieur Paulin.

PAULIN.

Je descendais de ma chambre, et mon premier devoir, comme le premier besoin de mon cœur, étant de venir rendre mes hommages au châtelain généreux dont l'hospitalité biblique nous fait goûter ici tous les plaisirs champêtres, et nous donne en même temps l'exemple de toutes les vertus...

M. D'ANGERVILLE (*à part*.)

Quel amphigouri! (*Haut*.) Avez-vous bien dormi, Monsieur?

PAULIN.

A moins d'avoir la conscience bourrelée par le remords, ce ver rongeur, semblable au vautour qui rongeait le foie de Prométhée, comment ne pas goûter un doux repos dans cet asile de la paix, et cet excellent lit de plume qui améliore encore ma couche solitaire?

M. D'ANGERVILLE (*à part*).

Décidément il est insupportable. (*Haut*.) Avez-vous déjeuné, Monsieur?

PAULIN.

Oui, Monsieur. Je descendais donc pour vous rendre avant tout mes humbles respects, lorsque j'ai entendu votre voix vénérable. Ma discrétion naturelle m'a engagé à rester à la porte, de crainte de vous interrompre, et j'ai entendu avec quelle insolence ce jeune téméraire répondait à vos exhortations paternelles. Je vous avoue, Monsieur, que je ne conçois pas que vous, qui êtes si bon, vous n'ayiez pas chassé de votre présence ce jeune présomptueux. (*A part.*) Voilà une bonne botte portée.

M. D'ANGERVILLE.

Amaury est un bon sujet, Monsieur, et je ne lui reproche que sa trop grande exactitude.

PAULIN.

Ce reproche-là les renferme tous. Un homme qui est coupable de trop d'exactitude, lorsque l'exactitude vous déplaît, cet homme est capable de tout ; et c'est ce que j'ai entendu dire de lui au village, ce simple séjour où la vérité se réfugie comme dans son puits.

M. D'ANGERVILLE.

Vous m'étonnez, Monsieur. Tous les renseignements que j'ai pris sur Amaury ont été à son avantage ; et d'ailleurs, mon in-

tendant m'en a répondu comme de lui-
même.

PAULIN.

Hum! ce n'est peut-être pas une raison,
et j'ai appris au village, sur le compte de
votre intendant, certaines choses... *fama
volat...*

M. D'ANGERVILLE (*d'un ton ferme*).

Monsieur, l'homme dont vous parlez a
trop fait ses preuves de dévouement, de
probité et d'honneur, pour que les discours
inconsidérés ou méchants qu'on peut tenir
sur son compte changent en rien mon opinion.

PAULIN (*à part*).

Il paraît fâché... Ma foi, Dérosoir dira
ce qu'il voudra, l'intendant ne m'importe
guère. (*Haut.*) Je vous crois, Monsieur,
mais quant à Amaury, il n'en est pas moins
très coupable de contredire un homme aussi
éclairé que vous.

M. D'ANGERVILLE (*impatienté*).

Eh non! Monsieur.

PAULIN.

Pardon, quoique la modestie qui cou-

ronne toutes vos vertus veuille se défen-
dre de cet éloge si mérité ; mais on sait
d'ailleurs que M. Amaury fatigue, par un
zèle indiscret et intéressé, les qualités
physiques, morales et intellectuelles de ce
jeune ange aux yeux d'azur, cet aimable
Esnest, l'espoir de sa famille, la consolation de votre vieillesse, qui, déjà comme
un arbrisseau trop chargé de fruits, penche
vers la terre sa tête languissante, écrasée
sous le poids des études prématurées dont
l'orgueil d'un homme l'accable avant le
temps.

M. D'ANGERVILLE.

Que voulez-vous dire par là, Monsieur?
Parlez sans figures, je vous en prie ; la
santé de mon petit-fils vous paraît-elle al-
térée?

PAULIN.

C'est ce que je voulais vous cacher, dans
la crainte de vous causer une sensation
douloureuse ; mais votre sagacité a été
plus grande que ma prudence, et puisqu'il
faut enfin parler sans réticence, je vous
avouerai, bien à regret, je vous assure,

que j'ai entendu un célèbre médecin, arrivé au village, dire que M. Ernest avait prodigieusement changé depuis un mois, et que les roses de son teint s'étaient aux trois quarts effacées sur ses joues amaigries.

M. D'ANGERVILLE (*inquiet*).

Il serait vrai? et moi qui ne m'en étais pas aperçu. Ce que c'est que de voir les enfants tous les jours, on ne remarque pas aussi bien leur changement... Ce que vous venez de me dire m'inquiète beaucoup, et il faudra que je consulte à ce sujet... parce qu'enfin c'est le seul enfant qui me reste, et je préfère qu'il soit moins instruit, et qu'il se porte mieux. (*A part.*) D'ailleurs si la science doit le rendre aussi ennuyeux que Paulin, loin de travailler pour l'acquérir, on paierait pour n'en point avoir. (*Haut.*) J'ai entendu parler d'un fameux médecin arrivé à Bourges depuis peu; il faudra que je le fasse prier de venir. Je vous laisse, Monsieur; je vais joindre M. Valmont, qui doit être levé.

PAULIN.

Que je ne vous dérange en rien, Monsieur; j'ai déjà eu l'honneur de présenter mes devoirs à ce respectable ami.

SCÈNE VIII.

PAULIN (se frottant les mains).

—

Enfoncé l'Amaury... j'espère que j'ai bien joué mon rôle, et que le vieux est enchanté de moi; car enfin, dans cette courte conversation, j'ai fait preuve à la fois d'esprit et de zèle. Aussi avais-je eu soin de préparer d'avance une douzaine de phrases ronflantes, qui, placées à propos, donnent de la pompe aux discours. Il faudra que j'en arrange comme cela quelques-unes chaque nuit. Oh ! monsieur Amaury, vous vous mêlez d'avoir autant de droits que moi à l'héritage. On verra, on verra qui l'emportera de nous deux : et pour commencer, voilà votre place qui branle au manche. Ah ! si Dérosoir m'avait entendu,

j'espère qu'il aurait été content de ce petit
début. Hem ! c'est adroit, je pense : voilà
ce que c'est que d'avoir de l'esprit et de
l'érudition, on enlève la position du premier coup. Allons rendre compte à Dérosoir
de ce premier succès.

SCÈNE IX.

PAULIN, DÉROSOIR.

DÉROSOIR (*paraissant par la fenêtre*).
St... st... st... Etes-vous seul ?

PAULIN.

Eh ! le voilà lui-même ; entrez, entrez,
il n'y a que moi ici.

DÉROSOIR.

Eh bien ! vos affaires avancent-elles ?

PAULIN.

Si elles avancent?... j'aurais voulu que
vous m'eussiez entendu tantôt ; vous n'auriez plus craint de me voir broncher...
Hum ! croyez-vous que ce soit pour rien
qu'on a étudié dix ans de suite, qu'on a

fait sa rhétorique? Ne vous avais-je pas
prévenu que j'avais obtenu, une année, le
second prix de thême grec; une autre
année...

DÉROSOIR.

Laissez donc là votre rhétorique et vos
prix, qui ne font rien du tout à l'affaire...

PAULIN.

Si fait, si fait, mon cher; un homme qui
a fait ses études est très supérieur à un autre. (*Pendant que Paulin parle seul sur le
devant de la scène, Dérosoir, qui a entendu
un léger bruit dans la pièce voisine, va col-
ler son oreille contre une petite porte. Paulin continue.*) Et comme notre professeur
nous répétait tous les jours : *Scientia, magistra rerum,* ce qui veut dire que le savant est maître de tout, vous devez vous
souvenir que quand j'étais jeune, et que
vous étiez professeur à la pension de
M. Gougou, j'avais de la peine à comprendre, c'est vrai; aussi mes maîtres et mes
camarades disaient que je ne serais jamais
qu'un âne fieffé, ce qui prouve la vérité
du proverbe : « Qui compte sans son hôte

compte deux fois. » C'est ce que je leur ai
dit, lorsque j'ai obtenu le second prix de
thême grec. La repartie était bonne, n'est-
ce pas? Ah! ah!... C'était après qu'on
vous eut renvoyé de l'établissement. Depuis lors mon professeur a toujours rendu
une justice éclatante à mon mérite; il me
citait comme un exemple du pouvoir de la
science, et disait à tous ceux qui venaient
visiter l'établissement : « Voyez ce jeune
homme qui, de l'aveu de tous, était sot
comme un panier, lorsqu'il est entré ici; il
a cependant obtenu cette année le second
prix de thême grec, tellement l'application
soutenue et une bonne direction peuvent
vaincre le naturel le plus ingrat. » Oh!
mes condisciples étaient bien attrapés dans
le fond, quoique, pour n'en avoir pas le
démenti, ils continuassent à soutenir que je
n'étais qu'un imbécile. Alors vous ne devi-
neriez jamais le moyen que j'ai inventé?
J'ai appris par cœur les quatre premiers
chants de l'*Enéide*, et, lorsque mes camarades me lançaient quelqu'épigramme ma-
ligne, je les leur récitais en ajoutant en-

suite : Faites-en autant ; ils se mettaient à rire et se taisaient, parce qu'aucun d'eux n'était capable de réciter comme moi. Et tenez, vous allez voir :

Ille ego qui quondam gracili modulatus avenâ
Carmen, et egressus silvis, vicina coëgi,
Ut quamvis avido parerent.....

DÉROSOIR (*descendant vivement le théâtre*).

Mon plan est tiré.....

PAULIN (*se retournant*).

Vous n'écoutez donc pas?

DÉROSOIR.

Au contraire, et c'est pour cela que je viens d'entendre...

PAULIN.

Les premiers vers seulement ; j'en sais comme cela neuf cent cinquante-deux ; mais vous m'avez dérangé, il faut que je recommence ; sans cela je ne m'y retrouve plus.

Ille ego qui quondam gracili....

DÉROSOIR.

Etes-vous fou, avec votre galimatias?

PAULIN.

Galimatias! Virgile, galimatias! **et**

3

c'est un professeur du pensionnat Gougou qui traite l'*Enéide* de galimatias !

DÉROSOIR (*le secouant par le bras*).

Voulez-vous m'écouter ?

PAULIN.

Aïe ! aïe ! vous me cassez le bras : c'est que je tenais à vous prouver mes progrès depuis le temps où vous me trouviez si bête. Voyez comme je les sais bien : seulement les deux premiers chants.

Ille ego qui quondam...

(*Dérosoir lui met la main sur la bouche, il continue d'une voix étouffée*) :

Gracili modulatus....

DÉROSOIR.

Si tu dis un mot de plus, je t'abandonne à ta sottise : alors adieu l'héritage.

PAULIN.

Allons, allons, je vous écoute. C'est cependant dommage ! je les avais repassés cette nuit pour les réciter à mon oncle, et me mettre bien dans ses papiers, parce qu'il faut se servir de tous ses moyens, comme vous le disiez hier matin ; mais puisque cela vous met en colère, ce sera pour une autre fois. Je suis tout à vous.

DÉROSOIR (*qui l'a écouté avec des signes d'impatience*).

C'est fort heureux! Vous saurez donc que je viens d'entendre, dans la chambre voisine, une conversation entre le papa d'Augerville et son ami Valmont, ou pour mieux dire d'Apremont, car vous savez bien que Valmont est un nom supposé, que le cher oncle a pris pour ne pas être reconnu de ses neveux, et pouvoir ainsi mieux juger de leur mérite.

PAULIN (*d'un air important*).

Tant mieux, ça va bien.

DÉROSOIR.

Le papa d'Angerville disait donc que son petit-fils dépérissait à force de travail.

PAULIN.

Cela ne m'étonne pas, c'est moi qui le lui ai mis en tête, d'après votre conseil.

DÉROSOIR.

Est-il facile à duper, ce bonhomme-là? M. Valmont cherchait à lui faire entendre raison, en lui disant qu'Ernest se portait

à merveille, mais il n'a pas voulu en dé-
mordre : il veut envoyer chercher un médecin.

PAULIN.

Ah diable ! voilà qui va mal.

DÈROSOIR.

Au contraire.

PAULIN.

Comment cela? Le médecin dira qu'Ernest n'est point malade, et qu'il peut travailler trois fois plus qu'il ne fait, car enfin c'était bien autre chose à la pension
Gougou : nous nous levions à cinq heures.....

DÉROSOIR.

Quoi ! vous ne devinez pas? Le médecin,
c'est moi.

PAULIN.

Quoi ! vous? Vous êtes professeur !

DÉROSOIR.

Médecin aussi, au besoin.

PAULIN.

Mais on vous reconnaîtra. Il y a à peine
trois mois qu'on vous a chassé d'ici, où vous
étiez précepteur d'Ernest.

DÉROSOIR.

Le grossier personnage! (*Haut.*) Ne vous mettez pas en peine, il y a moyen de s'arranger pour ne pas être reconnu. Tâchez seulement de vous faire donner la commission d'aller chercher le médecin qui vient d'arriver à Bourges. Vous monterez à cheval comme pour aller à la ville...

PAULIN.

Votre serviteur. On n'apprenait point l'équitation à la pension de M. Gougou; je ne sais pas monter à cheval.

DÉROSOIR.

Vous monterez tout de même.

PAULIN.

Pas si bête! pour me casser le cou... A quoi me servirait alors l'héritage, je vous prie?

DÉROSOIR.

Poltron! imbécile! Eh bien! vous irez à pied.

PAULIN.

A la ville? Six lieues de pays! c'est trop loin, je serais exténué. Pensez donc qu'avant-hier j'ai passé la nuit en voiture, çà m'a laissé des lassitudes dans les jambes. (*Il se frotte les mollets.*)

DÉROSOIR.

Vous ferez semblant, vous en prendrez le chemin et vous viendrez m'avertir au village.

PAULIN.

A la bonne heure.

DÉROSOIR.

Surtout, point de brioches. Relisez les instructions que je vous ai données par écrit, flattez la manie de l'oncle, il a celle d'être aimé.

PAULIN.

Soyez tranquille, j'ai préparé mes phrases là-dessus, c'est un sujet qui prête.

DÉROSOIR.

Ménagez le papa d'Angerville : l'autre ne fait rien sans le consulter.

PAULIN.

Oh! pour celui-là, il est déjà gagné, j'ai bien vu cela tantôt.

DÉROSOIR.

Vantez Ernest comme un prodige; c'est le moyen d'être bien avec le grand-papa;

et quant au petit bonhomme, prêtez-vous à tous ses caprices, ce qui n'est pas peu dire, car c'est bien l'enfant le plus insupportable que je connaisse.

PAULIN.

Je lui ai déjà fait un cerf-volant : j'étais fort pour les cerfs-volants à la pension Gougou.

DÉROSOIR.

Dégoûtez-le de son professeur.

PAULIN.

J'en ai déjà touché quelque chose.

DÉROSOIR.

Pour Amaury, traitez-le avec hauteur, faites-lui sentir que vous ne le regardez que comme le premier domestique de la maison : il est fier, cela seul parviendra à le dégoûter du métier.

PAULIN.

Oui, oui, c'est facile, un ton de supériorité ; et d'ailleurs je ne l'aime pas.

DÉROSOIR.

Je connais un moyen plus prompt de le faire partir d'ici.

PAULIN.

Il faut s'en servir : le plus tôt sera le meilleur.

DÈROSOIR.

C'est ce que je vais faire. Une fois Amaury écarté, nous nous occuperons de l'intendant. Il est moins dangereux, parce qu'il ne sait pas que M. Valmont est l'oncle de son cher Amaury ; mais s'il venait à l'apprendre, il présenterait, prônerait, et ferait accueillir son protégé ; d'ailleurs, j'ai des raisons pour lui en vouloir. (*On entend le son d'une cloche.*)

PAULIN.

Hum ! voilà le déjeuner qui sonne, je n'en suis pas fâché : cet air de la campagne donne un appétit de tous les diables, et puis il faut avouer que l'ordinaire du papa d'Angerville vaut un peu mieux que celui de la pension Gougou. Hé ! hé ! hé !...

DÉROSOIR.

Allez, de peur qu'en vous cherchant on me trouve ici. N'oubliez aucune de mes instructions, et rappelez-vous que c'est l'intérêt que je vous porte, comme à mon

ancien élève, qui m'a engagé à vous apprendre le secret qui doit vous rendre possesseur d'une fortune immense, de sorte
que votre reconnaissance pour moi doit être
sans bornes. Rappelez-vous que je dois
être un jour le factotum de votre maison,
et toucher la somme de vingt mille francs,
comme j'en ai de vous l'engagement par
écrit, et que si jamais vous veniez à con-
tester ce billet.

PAULIN.

Eh! soyez donc tranquille; que j'entre
seulement en possession, et vous verrez si
je suis ingrat. Avez-vous jamais entendu
dire cela de moi chez M. Gougou? Adieu,
je vais déjeuner.

SCÈNE X.

DÉROSOIR seul, le regardant sortir.

Et dire que je suis obligé de me servir
d'un pareil imbécile! A quelle extrémité
suis-je réduit pour assurer à la fois mon

3.

profit et ma vengeance! Amaury, Amaury, si vous n'occupiez pas la place dont j'ai été chassé par les dénonciations de ce diable d'intendant; si même vous ne m'aviez pas renvoyé d'un air si dédaigneux, lorsque je vous ai fait certaines propositions, qui auraient augmenté à la fois votre fortune et la mienne! Mais vous avez fait l'arrogant, et vous avez cru me confondre en me jetant au visage ces grands mots d'honneur et de délicatesse; eh bien! gardez votre sot honneur et votre nom d'emprunt, nous verrons s'il vous tiendra lieu de ressource et de place; le tour de l'intendant viendra aussi, et ma vengeance sera complète..... Mais j'entends du bruit... si l'on m'avait écouté... Bah! les maîtres sont à table, les nouveaux domestiques ne me connaissent point, et Thérèse est dans mes intérêts. Je n'ai rien à craindre, et je vais dresser mes batteries.

FIN DU PREMIER ACTE.

ACTE SECOND.

—

SCÈNE Ire.

AMAURY un livre à la main.

—

J'ai beau faire, mon esprit ne peut se fixer à lire, mon cœur est trop plein des humiliations dont j'ai été abreuvé aujoud'hui. Oh! mon Dieu, lorsque j'arrivai ici plein de joie et de zèle, que je prévoyais peu les chagrins de ma nouvelle position! Loin de seconder mes efforts, ne les rend-on pas inutiles. Quel progrès a fait mon élève? il n'est pas de jour où l'on ne trouve une excuse pour le dispenser d'un devoir..... J'aurais été si fier de ses succès!... Et ce M. Paulin qui me dit : Que vous importe, vos appointements courent toujours.

Comme si l'appât du gain pouvait seul me
toucher. Ne dirait-on pas qu'il se fait un
plaisir de me poursuivre de ses sarcasmes?
Que d'efforts il m'a fallu faire sur moi-
même pour ne pas le souffleter à table...
mais en avais-je le droit, moi un salarié,
suivant son expression; ne suis-je pas payé
pour supporter ses impertinences ; O ma
mère, quand je mangeais près de vous le
pain de l'indigence, votre regard, qui s'at-
tachait sur moi avec amour, me rendait
mon repas plus agréable que les festins
somptueux que l'on me sert ici. Je vais retourner près de vous, et partager votre
pauvreté... Mais que dis-je, hélas ! mes appointements ne sont-ils pas sa meilleure
ressource, et n'est-il pas juste que je nour-
risse de mon travail celle qui m'a nourri
de son lait ! Oh! le travail, les privations,
peu m'importe ; mais l'humiliation, mais
des journées pareilles à celle d'aujourd'hui !
O mon Dieu! c'en est trop, je n'y puis plus
tenir... (*Il s'assied, la tête appuyée dans
ses mains... Se relevant.*) Allons, mon lâ-
che cœur, succomberas-tu sous quelques

sarcasmes? soyez refoulé jusqu'au fond de mon âme, fol orgueil qui lutte sans cesse contre le devoir. C'en est fait, ô mon Dieu, plus de faiblesse, plus de murmures. Je souffrirai en silence pour ma bonne mère, je me soumettrai à votre providence, dont je dois adorer les desseins.....

SCÈNE II.

AMAURY, PIERRE.

—

PIERRE.

Je vous cherchais, monsieur Amaury; voilà les cinquante francs dont nous étions convenus. A présent je me sauve, car Monsieur attend après moi.

AMAURY (*lui serrant la main avec émotion*).

Ce ne sera pas sans me laisser le temps de te remercier. (*A part.*) Mon Dieu! peut-on se plaindre du sort, lorsqu'il nous conserve de pareils amis. (*Haut.*) J'espère qu'un jour viendra où je pourrai m'acquitter envers toi.

PIERRE.

C'est bon, c'est bon, il faut que je m'en
aille, vous dis-je. (*Revenant sur ses pas.*)
Cependant, Monsieur, je veux aussi vous
donner un petit avis. Vous êtes plus savant
que moi, c'est vrai, mais je suis plus vieux,
et l'expérience est quelque chose aussi.
Mon maître se plaint que vous êtes trop
sévère pour M. Ernest; moi, je ne trouve
point; mais c'est son idée, quoi! et vous
savez, quand le général a une idée et le
capitaine une autre, c'est au capitaine à
céder, lors même qu'il aurait mille mil-
lions de fois raison; comprenez-vous ça,
Monsieur?

AMAURY (*souriant*).

Tu vois bien que oui, puisqu'Ernest est
à courir au jardin.

PIERRE.

Oui, mais le Monsieur n'est pas content,
parce que vous lui avez dit certaines vé-
rités qui lui sont restées sur le cœur. Ne
pourriez-vous pas faire de manière?... diable, je ne sais pas bien comment arranger
cela... Tenez, votre prédécesseur, qui était

un misérable, puisqu'il volait mon maître en dessous main, et qui le volerait encore si je n'avais pas découvert ses manigances, s'arrangeait si bien que Monsieur était enchanté de lui. Il lui disait : Ernest est un prodige, un enfant à part, une merveille, et Monsieur croyait toutes ces sornettes, parce que les grands-pères sont souvent aveugles au sujet de leurs petits-enfants, et celui-là surtout.

AMAURY.

Et tu voudrais que je prisse ce Dérosoir pour modèle ?

PIERRE.

Pas en tout, comme vous pensez bien, mais en ce qui faisait que Monsieur était content.

AMAURY.

Ecoute, mon cher Pierre, je suis résigné à me soumettre à toutes les exigences du maître; à faire, pour conserver ma place, tout ce qui s'accordera avec mon devoir; mais tromper ce bon vieillard, le flatter bassement pour acquérir ses bonnes grâces, cela répugne à ma conscience.

PIERRE.

Diable! diable! vous avez peut-être raison tout de même; faites donc comme vous
l'entendrez, et j'espère que tout ira bien;
le bon Dieu doit bénir un brave jeune
homme comme vous.

SCÈNE III.

AMAURY regardant la bourse que lui a laissée Pierre.

--

Excellent homme! grâce à lui me voilà
tranquille sur le sort de ma mère, elle
conservera son petit mobilier, une partie
de nos appointements suffira à son entre-
tien et à celui de mes sœurs, le reste me
mettra à même de faire un jour le voyage
de Paris et d'obtenir une place; ma mère
viendra demeurer auprès de moi, j'établi-
rai mes sœurs, je m'acquitterai envers ce
bon Pierre...

SCÈNE IV.

AMAURY, M. VALMONT.

—

M. VALMONT.

Je suis bien aise de vous trouver seul
ici, jeune homme ; depuis deux mois que
je vous observe, votre conduite décente,
votre vie studieuse, même votre caractère
un peu sauvage m'intéressent infiniment,
et j'ai en vos lumières une grande confiance.

AMAURY.

Vous me faites beaucoup d'honneur,
Monsieur.

M. VALMONT.

Non, en vérité, et je vous plains d'être
obligé de supporter les caprices de votre
espiègle d'élève.

AMAURY.

Monsieur, Ernest a un cœur excellent et
je lui suis réellement attaché.

M. VALMONT.

C'est possible ; mais d'Angerville me

paraît à son égard d'une faiblesse inconcevable.

AMAURY.

Il ne me convient pas de blâmer la conduite d'un homme aussi respectable.

M. VALMONT.

Fort bien, jeune homme, vous justifiez
la bonne opinion que j'avais de vous. Je
venais vous demander un service que vous
seul pouvez me rendre ici.

AMAURY.

Je m'estimerai fort heureux de pouvoir
vous être bon à quelque chose.

M. VALMONT.

Que pensez-vous de ce Paulin, qui est
arrivé au château?

AMAURY.

Monsieur.

M. VALMONT.

Je vais vous parler à cœur ouvert. J'ai
un grand intérêt à connaître à fond ce
jeune homme. Sa tournure et sa manière
de s'exprimer ne préviennent pas en sa
faveur ; mais il sort du collége et n'a aucun
usage du monde. Est-il vrai qu'il a fait

d'assez bonnes études? Je vous avouerai ingénuement que je suis peu en état de juger de son savoir, et vous pouvez aussi, mieux que moi, l'apprécier sous le rapport du caractère et des qualités essentielles, parce qu'il doit causer et agir plus librement avec vous qu'avec un vieillard. Dites-moi franchement votre opinion, et pour que vous en compreniez l'importance, sachez que d'elle dépendra peut-être une fortune de vingt-cinq mille livres de rente, dont Paulin entrera en possession si nos observations combinées sont à son avantage, et dont il sera frustré à tout jamais si nous découvrons en lui quelque défaut capital.

AMAURY.

Permettez-moi, Monsieur, de me récuser comme très incapable.

SCÈNE V.

Les précédents, ERNEST (qui entre avec bruit).

ERNEST.

Monsieur Valmont, monsieur Valmont.

(*Le tirant par son habit.*) Venez donc vite, mon grand-papa vous cherche partout.

M. VALMONT.

Un instant, vous allez déchirer mon habit.

ERNEST (*faisant des singeries*).

Non, non, tout de suite, c'est pour vous montrer quelque chose de joli : mon petit chat que j'ai enfermé dans une cage. Grand-papa rit de tout son cœur, je veux que vous le voyiez aussi. (*Il le tire de nouveau.*)

M. VALMONT.

Laissez-moi donc, vous dis-je ; est-il turbulent, cet enfant-là !

AMAURY (*soutenant Valmont qui trébuche*).

Ernest, voulez-vous bien laisser Monsieur ?

M. D'ANGERVILLE (*en-dehors*).

Valmont ! Valmont !

M. VALMONT.

Allons, voilà le grand-papa maintenant ; il faut absolument que je voie le chat dans la cage, puisque Ernest le veut ainsi.

(Il sort, Ernest le suit en faisant des grimaces.)

SCÈNE VI.

AMAURY, PAULIN.

—

AMAURY (*soupirant*).

La belle éducation! vraiment, voilà un élève qui me fait grand honneur.

PAULIN (*entrant*).

Hé! hé! monsieur le pion, monsieur le pion ; répondez-moi donc, monsieur le pion ?

AMAURY (*gravement*).

A qui en avez-vous, Monsieur?

PAULIN.

Tiens, cette bêtise... est-ce qu'il y a un autre pion que vous, ici ?

AMAURY (*se croisant les bras*).

Je ne sais ce que vous voulez dire.

PAULIN.

Etes-vous cruchon de ne pas comprendre. Un pion, tout le monde sait cela; c'est ainsi que nous appelions les maîtres d'études à la pension Gougou. Ainsi donc, à présent que je vous ai mis au courant, vous allez vous dépêcher, monsieur le pion, de monter au grenier et d'attraper une souris, parce que j'ai une bonne idée ; voyez-vous, j'ai toujours de bonnes idées, moi. Ernest a enfermé son chat dans une cage ; le chat, qui sait bien qu'il est un chat, et non pas un oiseau, hé! hé! hé! saute de dépit, ce qui est drôle, et fait bien rire le papa d'Angerville ; mais si l'on avait une souris, que l'on attacherait par la patte, et que l'on ferait danser comme cela, voyez-vous (*Il fait le geste.*), le chat gambaderait bien plus fort, et l'on rirait bien plus fort aussi. Ah ! j'ai des inventions uniques, et quand je m'y mets, je suis un farceur, voyez-vous : si vous pouviez attraper deux souris au lieu d'une, cela vaudrait encore mieux, parce qu'on en ferait danser une de chaque côté de la cage, hé! hé! hé!

AMAURY (*Son visage et ses mouvements ont d'abord manifesté de l'indignation, puis*

il dit à part en levant les épaules) :
Le niais, il ne mérite pas ma colère.

PAULIN.

Eh bien! vous ne bougez pas plus qu'un terme. Allez donc, monsieur le pion, je vous attends.

AMAURY.

Je ne crois pas, Monsieur, avoir aucun ordre à recevoir de vous.

PAULIN.

Tiens, cette impertinence! Puisque je veux la souris pour amuser M. d'Angerville et que M. d'Angerville vous paie, vous êtes bien obligé d'aller chercher la souris; car enfin, que vous passiez votre temps à une chose ou à l'autre, qu'importe? Voilà qui est logique, je pense? Oh! je n'ai pas fait mes études pour rien, et comme le disait M. Gougou : *Scientia magistra rerum*. Allons, courez donc, puisque je vous l'ordonne, car enfin, dans cette maison, vous devez m'obéir, et en particulier à tout le monde, parce que vous recevez des gages pour cela, n'ayant pas un sou vaillant... tandis que moi, bientôt...

enfin, suffit, je sais ce que je sais... Allez
donc chercher la souris, ou je vous fait
marcher de force. (*Il le pousse...*)

AMAURY (*avec une colère concentrée*).

Monsieur, si vous aviez parié que vous
pousseriez à bout ma patience, je vous
avertis que vous avez gagné. Je vous
laisse le choix des armes. Vous sentez que
cette conversation ne peut s'achever autrement. Me comprenez-vous à votre
tour ?

PAULIN (*reculant*).

Non, Monsieur.

AMAURY.

Je vais donc m'expliquer très clairement : je ne suis pas d'humeur à supporter
plus longtemps vos sottises, et je vous en
demande raison à l'instant même. Voilà
des fleurets, et j'ai une boîte de pistolets
dans ma chambre, vous n'avez qu'à choi-
sir ; tout homme d'honneur doit comprendre cela.

PAULIN (*tremblant et reculant encore*).

Vous sortez de la question, Monsieur,

et cela n'est pas logique, ainsi *non intelligo.*

AMAURY (*plus fort, et se rapprochant de Paulin*).

Je veux me battre avec vous, Monsieur, et je saurai bien vous forcer à me comprendre. (*Il lui donne deux soufflets.*) Ce langage est-il plus intelligible ?

PAULIN (*il recule d'un bond, en se frottant les joues*).

Aïe ! aïe ! je n'aime pas ces plaisanteries... M. Gougou lui-même ne frappait pas si fort...

AMAURY (*il décroche les fleurets et en présente un à Paulin*).

En garde, Monsieur, si vous ne voulez pas que je recommence.

PAULIN (*troublé, et reculant toujours*).

Monsieur le professeur, on n'apprenait point l'escrime à la pension Gougou. Vous savez bien que je ne puis pas me battre avec vous, ce serait vouloir m'assassiner, et vous avez trop de bonté pour cela.

AMAURY.

C'est la première fois que je manie une

4

arme; ainsi, nous sommes à deux de jeu.

PAULIN.

Monsieur, le duel est une chose affreuse, une invention horrible de nos temps modernes, c'est une véritable lâcheté, Monsieur; car, comme nous le disait savamment M. Gougou : « César et Pompée ont-ils tiré » le pistolet l'un contre l'autre? Non, Mes- » sieurs, ils avaient trop de bon sens pour » cela, ils se disaient des injures et ne se » battaient point. Vit-on jamais Léonidas » défier Xerxès un fleuret à la main? » Oh! je sais de belles choses là-dessus... mais je suis si troublé! laissez-moi me recueillir un instant, je vais consulter mes tablettes. (*Il cherche à se sauver.*)

AMAURY (*il le retient et le ramène de force sur le devant du théâtre*).

Vous ne m'échapperez pas ainsi. Vous qui avez le courage d'insulter des gens inoffensifs, ayez-en donc aussi pour leur donner réparation. En garde, vous dis-je. (*D'une voix creuse.*) C'est entre nous un combat à outrance.

PAULIN (*laissant tomber son fleuret.*)

Oh! je suis mort!

SCÈNE VII.

Les précédents, ERNEST (qui se tient à la porte, riant de toutes ses forces).

—

PAULIN (*tombant à genoux*).

Monsieur, je vous demande humblement pardon; mais ne me tuez pas. Je vous ferai toutes les réparations que vous voudrez, je baiserai la terre si vous voulez. (*Il baise la terre.*) Je vous respecte, je vous honore, je vous révère... mais quittez cette arme... vous me faites peur.

AMAURY (*jetant son fleuret.*)

Me prenez-vous pour un assassin? Arrogant, sot et poltron, c'est trop de défauts réunis!

ERNEST (*s'emparant du fleuret, à Paulin qui se relève*).

Pas encore, pas encore. (*Riant toujours.*) Il faut aussi que vous baisiez la terre en mon honneur, vaillant Paulin, courageux élève du savant M. Gougou... (*Brandissant le fleuret.*) Obéissez, ou je vous tue.

AMAURY (*ôtant le fleuret à Ernest*).

Assez, assez, Ernest; ne poussez pas plus loin cette plaisanterie... voyez, il a peur de vous aussi. (*Il accroche les fleurets à leur place. A Paulin.*) Vous pouvez vous relever, Monsieur, je n'ai plus d'armes.

PAULIN (*sortant confus dit à demi-voix*) :

C'est un guet-à-pens... le coquin! le scélérat! J'en serai malade de frayeur, mais il me le paiera. Je vais trouver M. d'Angerville et nous verrons : rira bien qui rira le dernier.

SCÈNE VIII.

AMAURY, ERNEST.

ERNEST (*riant encore*).

J'étouffe... Etait-il drôle, ainsi prosterné, ce grand nigaud! Mais dis-moi donc, bon Amaury, comment cela est-il venu?

Dieu! que je suis fâché de n'avoir pas été là dès le commencement.

AMAURY.

J'ai été insulté par cet homme, et j'ai eu la faiblesse de me mettre en colère et de vouloir le forcer à me rendre raison. J'ai eu tort, car la colère est une passion mauvaise, et le duel chose défendue par les lois divines et humaines. Gardez-vous toujours de l'un et de l'autre, mon ami, et n'imitez jamais le mauvais exemple que je vous ai donné!...

ERNEST.

Oh! tu as bien fait de remettre à sa place ce poltron qui t'a tant taquiné à déjeuner; mais adieu, si je restais avec toi tu trouverais le moyen de me faire travailler, et puisque j'ai congé j'en profite.

SCÈNE IX.

AMAURY.

M. Valmont me demande mon opinion sur le compte de Paulin... Eh bien! il la

4.

saura toute entière, et si la fortune de ce
jeune homme en dépend, je ne vois pas
qu'il soit jamais riche. Voilà ma vengeance trouvée... Mais que dis-je, ce sentiment n'est pas d'un chrétien, et mon cœur
n'est pas fait pour la haine !... Il est vrai
que je ne puis, en conscience, faire un rapport favorable sur son compte, mais je gar-
derai le silence, et je n'aurai rien à me re-
procher. On vient ; laissons le champ libre,
j'ai besoin d'un peu de calme, et je vais embrasser ma bonne mère.

SCÈNE X.

M. D'ANGERVILLE, M. VALMONT, PAULIN. (Ils
entrent par la porte opposée.)

—

PAULIN (*après avoir jeté un coup d'œil autour de lui, à part*).

Il n'y est plus. (*Haut.*) C'est comme j'ai
l'honneur de vous le dire, ami révéré, et
vous, mon hôte respectable. Ce coquin
d'Amaury a voulu m'assassiner; et il a fallu
toute ma présence d'esprit, je dirai plus,

l'intervention du jeune et courageux Ernest, pour me tirer de ses mains.

M. D'ANGERVILLE.

Voilà qui me paraît fort extraordinaire,
car depuis près de trois mois qu'Amaury
est près d'Ernest, j'ai toujours remarqué
dans ce jeune homme une grande douceur
de caractère ; et, malgré l'espèce de fierté
empreinte dans son regard et dans ses manières, il est généralement aimé au château.

M. VALMONT.

Je dirai plus, il a dans la physionomie
quelque chose de noble et de doux à la
fois, qui attire et intéresse. Je suis persuadé,
pour mon compte, que sa naissance est au-
dessus de sa condition présente.

PAULIN.

Ah ben ! oui, croyez cela : sa mère est
une espèce de mendiante, et lui un véritable intrigant. Ce qu'il y a de certain,
c'est qu'il a des pistolets dans sa chambre ;
et à quoi bon, s'il vous plaît, si ce n'est
pour faire un mauvais coup. Il m'a menacé
de me tuer, vous dis-je ; et quoique je

puisse me vanter de n'être pas poltron, je ne me croirai point en sûreté tant qu'il sera ici.

M. VALMONT.

Mais vous n'avez point dit encore le sujet de votre querelle.

PAULIN.

Oh! c'est que j'avais peur de vous faire de la peine, voyez-vous ; mais je vois bien qu'il faut tout dire : Vous saurez donc, mon respectable ami, et vous, mon hôte révéré, que cet infâme Amaury a tenu sur votre compte, à tous deux, et même sur celui d'Ernest, des propos, oh ! mais des propos si affreux, que je n'oserai jamais les répéter; ainsi, ne m'y forcez pas, je vous prie.

M. VALMONT.

Est-il possible !...

PAULIN.

Rien de plus vrai ; là-dessus, moi qui ai pour vous toute la tendresse et la vénération d'un fils, je me suis fâché tout de bon, comme vous pouvez croire : je lui ai dit que, quoiqu'on n'apprît pas l'escrime à la pension de M. Gougou, je me battrais contre lui, si j'avais des armes, parce que le courage supplée au savoir, et que tout homme d'honneur doit comprendre ce langage. Alors, il s'est emparé des fleurets accrochés au mur, et que je n'avais pas aperçus, et il a fondu sur moi sans me donner le temps de me reconnaître. J'ai paré le coup comme j'ai pu ; Ernest est arrivé sur ces entrefaites, et, avec un courage digne des temps héroïques, il a désarmé l'assassin.

M. D'ANGERVILLE.

Ah! mon Dieu! il n'est pas blessé, au moins, ce cher enfant?

PAULIN.

Non, Monsieur, vous pensez bien que j'ai secondé ses efforts.

M. D'ANGERVILLE.

Voyez, cet Ernest ; que de courage dans un enfant de douze ans! Mais c'est admirable, cela, et il ne s'en est pas vanté, encore.

PAULIN.

Je le crois bien, il m'a même recommandé de ne pas en parler, en ajoutant

avec une fermeté extraordinaire à son âge,
qu'il me donnerait un démenti formel, si je
venais à en ouvrir la bouche.

M. D'ANGERVILLE *à* M. VALMONT.

Eh bien ! ne t'avais-je pas dit, mon ami,
que cet enfant était un prodige, et que tu
ne l'appréciais pas assez?

M. VALMONT.

Amaury disait donc du mal de nous ?

PAULIN.

Des choses affreuses, d'horribles men-
songes.

M. D'ANGERVILLE.

L'ingrat !

M. VALMONT.

Et moi, qui m'étais formé de lui une si
bonne opinion, et qui le lui disais ce matin
même.

M. D'ANGERVILLE.

Imagine-toi, mon cher, que j'avais pour
lui une affection presque paternelle; je ne
l'avais jamais si bien senti que dans ce
moment, à la peine que j'éprouve de m'ê-
tre trompé sur son compte.

PAULIN.

Quelle ingratitude ! A votre place, Monsieur, je le chasserais.

M. D'ANGERVILLE.

C'est qu'il n'est pas facile de trouver un précepteur qui réunisse tant d'instruction et de talents divers.

PAULIN.

M. Ernest a tant d'esprit naturel !

M. D'ANGERVILLE.

Il faut avouer que je n'ai pas de bonheur pour les précepteurs. J'ai eu pendant six mois un certain Dérosoir, qui avait bien le plus charmant caractère qu'il soit possible d'imaginer : il était toujours de l'avis de tout le monde, jamais de querelles ni de dissensions avec lui, et de plus, d'une force remarquable aux échecs. Il faisait tous les soirs ma partie, et il m'a même gagné une fois ou deux. J'avais en lui la plus grande confiance, je l'avais chargé de plusieurs affaires assez importantes, pour lesquelles il paraissait avoir un tact tout particulier. Eh bien ! mon cher, comment crois-tu qu'il a répondu à mes bontés ? Il

m'a été prouvé clair et net qu'il m'a volé
six mille francs, rien que sur l'achat d'une
ferme dont j'ai voulu arrondir mon do-
maine. Le malheureux a bien fait tous ses
efforts pour se disculper ; mais j'ai vu moi-
même la transaction entre les mains de
mon intendant, qui, se doutant du fait,
était parvenu à se la procurer. J'aurais pu
traduire Dérosoir en justice, mais bath ! je
me suis contenté de le chasser de chez
moi, en lui disant : « Va te faire pendre
ailleurs. »

PAULIN.

Mais êtes-vous bien sûr que votre intendant n'ait point calomnié ce monsieur Dérosoir ?

M. D'ANGERVILLE.

Très sûr, car Pierre est le plus honnête
homme du monde, et d'ailleurs les preuves
étaient là.

PAULIN.

Ce que j'en dis, respectable vieillard,
n'est qu'un effet de l'intérêt que je vous
porte. Jamais, dans les dix années que j'ai
passées à l'établissement Gougou, je n'ai

éprouvé pour personne les sentiments de
vénération, d'estime et de reconnaissance
que je sens pour vos cheveux blancs, et je
ne puis trop vous remercier de la grâce
que vous m'avez faite en m'invitant à passer quelques jours dans cet asile de paix
et d'innocence. Je n'ai rien vu de si beau
dans le monde entier, que ce château féo-
dal, dont la salle à manger, surtout, est dans
les plus magnifiques proportions.

M. D'ANGERVILLE.

Je suis charmé que vous vous trouviez
bien ici.

PAULIN (*avec emphase*).

Et comment ne m'y trouverais-je pas
divinement, auprès de vous, respectable
Nestor, et de cet ami, votre Oreste, comme
vous êtes son Pylade, ou Achille, comme
vous êtes Patrocle, ou bien encore Cas-
tor.....

M. VALMONT.

Certainement, jeune homme, d'Angerville et moi nous sommes de vieux et
bons amis.

PAULIN.

Il devait en être ainsi, Monsieur, car,
comme dit le proverbe : « Qui se ressemble
s'assemble ; » et comme vous êtes l'un et
l'autre des hommes superlativement bons
et vertueux, vous deviez vous assembler,
car il existe dans les âmes une sympathie
attractive... Enfin, cela se comprend... Et
à propos de sympathie, permettez-moi de
vous dire, monsieur Valmont, quelque
chose de bien extraordinaire qui s'est passé
dans mon cœur, au moment où je vous ai
aperçu pour la première fois; je l'ai senti,
à votre aspect, s'épanouir et se dilater, et
un frisson de joie a parcouru tout mon
être. Pourriez-vous m'expliquer cette émotion ? Je n'ai rien lu de pareil dans les au-
teurs anciens et modernes, si ce n'est quand
un fils a retrouvé son père, ou un proche
parent, et que la nature parle en lui; mais
je sais trop bien, hélas ! que mon père est
mort et que je vous suis étranger.

M. VALMONT (*à M. d'Angerville, avec un
regard significatif*).

Voilà qui est singulier! (*A Paulin.*) Et qu'avez-vous conclu de cela?

PAULIN.

Rien...

M. VALMONT.

Quoi! rien...

PAULIN.

Si fait, si fait, j'ai conclu quelque chose... Attendez un peu. (*A part.*) Oh! mon Dieu! j'ai oublié mes phrases à ce sujet. (*Il tire son calepin, tourne plusieurs feuillets, et lit à la dérobée. Haut.*) J'ai conclu que je voudrais que vous fussiez mon père, en effet, parce que je sens pour vous une tendresse toute filiale. « Mon cœur, semblable au fer. » (*Se reprenant.*) Ce que j'en dis n'est qu'une figure de rhétorique, parce que vous sentez bien que mon cœur n'est pas de fer, et qu'il est tendre, au contraire, extrêmement tendre. « Mon cœur, semblable au fer, est attiré par l'aimant de votre auguste personne ; et ainsi que l'aiguille de la boussole se tourne vers l'étoile polaire, je voudrais toujours tourner de manière à être auprès de vous. »

M. VALMONT (*à demi-voix, à M. d'Angerville*).

Eh bien! qu'en dis-tu, mon cher? Voilà de bons sentiments qui percent au milieu de tout cet embrouillamini, et je me sens ému de l'amitié qu'il me témoigne. (*Haut.*) Touchez là, jeune homme, j'espère vous prouver dans peu que votre cœur ne vous a pas trompé.

PAULIN (*se jetant dans les bras de Valmont, et l'embrassant avec des démonstrations ridicules*).

Vos paroles sont plus douces pour moi que l'ambroisie dont s'enivraient les dieux.

M. D'ANGERVILLE (*regardant sa montre*).

Trois heures, déjà : croyez-vous, monsieur Paulin, avoir le temps d'aller à la ville aujourd'hui, pour chercher ce fameux médecin, comme vous avez eu l'obligeance de me l'offrir?

PAULIN.

Je n'attendais que votre désir pour me mettre en route... Je pars à l'instant même, trop heureux de contribuer en quelque chose au rétablissement de ce ravissant Ernest, que je porte dans mon cœur comme un frère chéri. (*Il salue gauchement, et sort.*)

SCÈNE XI.

M. D'ANGERVILLE, M. VALMONT.

—

M. D'ANGERVILLE.

Je ne puis disconvenir qu'il n'y ait du bon dans ce jeune homme ; il est bien fâcheux qu'il soit si gauche et si ampoulé.

M. VALMONT.

Manque d'usage, mon cher, défaut d'une éducation pédante et mal dirigée; cela est facile à corriger; mais ce que je suis enchanté de trouver en lui, c'est cet attachement qu'il me témoigne déjà sans savoir que je suis son oncle, et qu'il a tout à attendre de mes bienfaits. Il est si doux d'être aimé! O nature! nature, que tes secrets sont admirables !...

M. D'ANGERVILLE.

Il y a aussi quelque chose de généreux dans le mouvement qui l'a porté à défier

Amaury, pour quelques mots déplacés sur
mon compte, car je ne puis croire que ces
propos soient aussi horribles que Paulin
nous l'a dit ; il s'en est sans doute exagéré
l'importance, car, enfin, quel mal peut-on
dire de moi? Que je suis un peu faible…
Eh! mon Dieu! je le sais.

M. VALMONT.

N'importe, c'est toujours fort mal de la
part d'Amaury ; mais je ne suis pas fâché
que cette circonstance nous ait fait connaître à fond le caractère de mon neveu. Ses
manières gauches m'avaient un peu prévenu contre lui, je le confesse ; mais je
sens maintenant que c'est au fruit et non
à l'écorce que l'on doit juger. Aussi mon
incertitude est terminée ; je vais envoyer
chercher le notaire, et ce soir même Paulin entrera en possession de l'héritage de
mon pauvre frère.

M. D'ANGERVILLE.

Pourquoi tant te presser, mon cher? Les
trois mois ne sont pas encore écoulés.

M. VALMONT.

Il ne s'en manque que de deux jours ; et

après toutes les recherches que j'ai faites
pour découvrir ma pauvre sœur, il n'est
que trop sûr qu'elle a cessé de vivre, et
ses enfants avec elle, si toutefois elle en a
jamais eu, car tu sais que l'opposition que
j'avais cru devoir mettre à son mariage
avait rompu entre nous toutes les relations,
et lorsque nous partîmes pour l'Amérique,
mon frère Joseph et moi, il y avait un an
déjà que nous n'avions reçu des nouvelles
de Louise. Il m'eût été bien doux de ré-
parer le mal que je lui ai fait involontaire-
ment dans cette circonstance; mais, hélas!
je reste seul de quatre que nous étions.
Mon frère Jacques, le père de Paulin, est
mort peu après notre départ; mon pauvre
Joseph a fini ses jours en Amérique, au
moment où, après avoir réalisé nos cinquante mille livres de rente, nous nous
disposions à rentrer en France; ma pauvre
sœur Louise a disparu, et sans toi, mon
fidèle ami, je n'aurais pas retrouvé dans
ma patrie un seul être qui se ressouvînt
de moi.

M. D'ANGERVILLE.

Hélas! mon cher d'Apremont, n'est-ce pas le malheur commun à tous les vieillards, de survivre à beaucoup de ceux qu'ils ont aimés et de se retrouver seuls avec leurs souvenirs?... Mes rêves à moi ne me rappellent guère que des personnes mortes depuis longtemps, et la terre renferme dans son sein le plus grand nombre de mes amis. Ma pauvre Rose, que j'ai tant aimée, m'attend depuis quinze ans dans le tombeau de notre famille ; de trois fils que j'avais, pas un n'a vécu assez pour pouvoir me fermer les yeux ; la mort m'a enlevé coup sur coup tous mes petits-enfants : Ernest seul, le plus jeune de tous, a survécu à ce désastre, et l'on s'étonne encore, après tant de malheurs, de mes craintes perpétuelles pour cet enfant !

M. VALMONT (*serrant la main de M. d'Angerville*).

Ah ! je conçois ta sollicitude, mon ami, quoique, je te l'ai déjà dit, tes craintes ne soient nullement fondées. Ernest vivra pour consoler ta vieillesse ; et moi, je l'espère,

j'aurai un fils aussi dans la personne de
Paulin. S'il n'est pas aimable, il est aimant du moins, cela vaut encore mieux.

M. D'ANGERVILLE.

Te voilà donc tout-à-fait décidé?

M. VALMONT.

Oui, mon cher, car cet incognito, que je
me suis imposé pour me conformer au vœu
de mon frère, m'ennuie passablement. Il
me tarde de reprendre mon véritable nom;
et d'ailleurs le testament de mon pauvre
Joseph est précis : « Je laisse, dit-il, toute
• ma fortune à celui de mes neveux que
» mon frère Alexis jugera le plus digne de
» l'obtenir. S'il trouvait qu'aucun d'eux ne
» la mérite, je le prie de garder pour lui-
» même, ou de distribuer aux hôpitaux,
» selon son bon plaisir, cette fortune que
» nous avons acquise ensemble par notre
» travail. Je lui donne trois mois, à dater
» du jour de son arrivée en France, pour
» remplir mes intentions. » Je suis arrivé
ici le 1er mars; tu vois, mon ami, qu'il ne
me reste pas beaucoup de temps à perdre,

et je me réjouis d'avance de la joie de ce
bon Paulin. As-tu connu sa mère?

M. D'ANGERVILLE.

Oui, mon cher, car elle n'est morte que
l'année dernière. C'était une sotte et mé-
chante femme; mais qu'importe à présent? Je vais envoyer Thérèse chercher
le notaire, et, en attendant, allons faire
tous deux un petit tour au jardin, bras
dessus, bras dessous, comme dans notre
bon temps.

FIN DU SECOND ACTE,

ACTE TROISIÈME.

SCÈNE Iʳᵉ.

PAULIN.

—

Ouf! je n'en puis plus. Ce Dérosoir m'a-
t-il fait courir pour lui avoir une perruque,
une robe, que sais-je ! Il va venir sous son
déguisement, et le notaire après lui, à ce
qu'il m'a dit, car je ne sais comment il s'y
prend, il sait tout, ce diable d'homme...
Enfin, grâce à lui et à mon esprit, je vais
posséder l'héritage. Hum!... si madame
ma mère était encore en vie, elle serait
bien étonnée, elle qui me répétait sans
cesse : « Mon fils, vous ne serez jamais
qu'une bête... » Les femmes ne savent ce
qu'elles disent... Vingt-cinq mille livres de
rente, est-ce beau, cela!... Oh! que je vais
être heureux! D'abord, je mangerai du

macaroni tous les jours, parce que j'aime
furieusement le macaroni, le bœuf à la
mode et la sauce aux tomates. Et puis je
boirai à chaque repas une bouteille de
champagne et deux bouteilles de bourgo-
gne mousseux, avec le café et le verre de
curaçao. Et puis, j'aurai un valet de chambre, et je lui dirai : « Lafleur, tire mes
bottes... Lafleur, change-moi de chemise; »
et s'il fait l'insolent, un coup de pied, et
passe-moi la porte... Et puis, je laisserai
là mon vieux bonhomme d'oncle, comme
me le conseille Dérosoir, car ce serait ennuyeux de faire toujours patte de velours,
et je suis horriblement fatigué d'avoir
passé la nuit à composer de belles phrases
en son honneur. Je devrais cependant composer quelques vers pour le moment de la
reconnaissance, et j'aurai l'air de les impro-
viser. Voilà encore une heureuse idée. Es-
sayons. (*Il tire son calepin, rêve quelque
temps en se grattant le front, et écrit, en
prononçant tout haut.*)

Ah ! quel bonheur extrême
De trouver dans celui qu'on aime...

Voilà qui est bien, c'est vif et coulant. Cherchons la suite.

> Ah ! quel bonheur extrême
> De trouver dans celui qu'on aime
> Un oncle vertueux...

Ce n'est pas ça, il faudrait dire : Un père qui retourne de l'autre monde, parce que l'Amérique c'est l'autre monde, et cela fournirait un joli jeu de mots...

> Pour combler tous mes vœux...

Eh ! puis, par-ci par-là quelques figures de rhétorique un peu soignées. (*Se frappant le front.*) Diable ! les vers ne sont pas si faciles à faire qu'on pourrait le croire ; reprenons.

> Ah ! quel bonheur extrême...

Avec cela que je suis prodigieusement fatigué, et que je n'en peux plus de sommeil. (*Il s'étend dans son fauteuil.*)

> De trouver dans celui qu'on aime...

(*Il s'endort et ronfle ; le portefeuille glisse de ses mains.*)

SCÈNE II.

PAULIN, dormant; ERNEST.

ERNEST.

—

Qui fait donc ce bruit-là? On dirait un cochon qui grogne... Ah! ah! c'est l'illustre élève de la pension Gougou. (*Le tirant par le bras.*) Courageux Paulin, voulez-vous faire des armes avec moi? (*Paulin fait un petit mouvement, étend les bras et se rendort.*)

Il y a apparence qu'il prend le fauteuil de mon grand-papa pour son lit... j'ai bien envie de lui faire quelque farce; si j'étais plus grand, je m'habillerais en revenant... Il doit avoir peur des revenants. (*Ramassant le portefeuille.*) Tiens, à qui appartient donc ce livre rouge?... Oh! c'est son portefeuille. (*Lisant.*) Semblable au fer, mon cœur est attiré par l'aimant de votre auguste personne... C'est du Paulin tout pur. Voilà qui doit être curieux, par exemple. Il faut croire que c'est dans ce calepin qu'il écrit ses pensées. « Père vertueux. » Il doit y avoir beaucoup de vertueux.

« Qui revenez de l'autre monde pour combler tous mes vœux. » Oh! c'est par trop comique... Il faut que je me donne le plaisir de lire ces belles choses. (*Il met le portefeuille dans sa poche. Regardant Paulin qui ronfle toujours.*) Si je lui faisais des moustaches? précisément j'ai un bouchon dans ma poche. (*Il noircit le bouchon à la bougie et barbouille Paulin.*)

PAULIN (*se réveillant à demi*).

C'est vous, mon cher Dérosoir? Enfin, je tiens l'héritage, enfoncé l'Amaury. (*Il se rendort tout-à-fait.*)

ERNEST (*sortant du fauteuil sous lequel il s'était caché*).

Qu'est-ce qu'il bredouillait donc ainsi, de Dérosoir, d'Amaury et d'héritage? Il faut cependant que je le réveille tout-à-fait, puisque M. Valmont le demande. (*Il prend un morceau de papier, le roule par le bout, le place doucement entre les lèvres de Paulin, et y met le feu.*)

PAULIN (*se réveillant en sursaut*).

Au feu! au voleur! à l'assassin! on me

rôtit tout vif; au secours! au secours! (*Ernest rit à se tenir les côtes*).

SCÈNE III.

Les précédents, AMAURY.

—

AMAURY.

Qu'arrive-t-il donc? Qu'avez-vous à crier ainsi?

PAULIN.

Ce que j'ai... C'est un guet-à-pens épouvantable; vous avez aposté des gens pour m'assassiner, pour m'incendier; ils étaient une douzaine, je vais me plaindre à M. d'Angerville, à la justice, au monde entier. (*Il sort furieux.*)

SCÈNE IV.

AMAURY, ERNEST (riant toujours).

—

AMAURY.

Pouvez-vous m'expliquer, Ernest, ce qui vient de se passer?

ERNEST.

Laissez-moi respirer, j'étouffe. (*Montrant le morceau de papier à demi-brûlé.*) Voilà la douzaine d'assassins qui en voulaient aux jours de ce héros. Je le lui avais mis dans la bouche pendant qu'il dormait, et j'y avais mis le feu pour m'amuser.

AMAURY.

C'est mal; quand deviendrez-vous raisonnable?

ERNEST (*sautant au cou d'Amaury*).

Ne me gronde pas, je te promets de devenir sage quelque jour. Tiens, veux-tu que je te récite ma leçon ?

AMAURY.

Volontiers; venez avec moi dans votre chambre. (*Il sort le premier.*)

———

SCÈNE V.

ERNEST, PAULIN. (Il entre par la porte opposée, la figure toujours barbouillée de noir.)

———

ERNEST (*riant aux éclats*).

Oh! le brave moricaud. (*Il sort et suit Amaury.*)

SCÈNE VI.

PAULIN.

——

C'est enrageant, c'est désespérant : tous ceux que je rencontre me rient au nez au lieu de me plaindre; je vous demande ce qu'il y a de si risible à être incendié vif... Sont-ils bêtes dans ce pays-ci?

————

SCÈNE VII.

PAULIN, DÉROSOIR (avec une grande perruque et un emplâtre sur l'œil gauche).

——

DÉROSOIR (*à la cantonade.*)

Annoncez le docteur Paraminéchiné, médecin extraordinaire du roi de Maroc, et du célèbre Toakien, empereur de la Chine !

PAULIN (*à part*).

Serait-ce, en effet, un vrai médecin, ou est-ce l'ami Dérosoir?

DÉROSOIR.

Paulin?

PAULIN.

C'est Dérosoir. Au diable si je vous aurais réconnu.

DÉROSOIR (*regardant Paulin*).

Ah! ah! ah! est-ce aussi un déguisement? Etes-vous drôle, comme cela... la bonne figure que vous avez!...

PAULIN.

Monsieur, apprenez que j'ai aujourd'hui ma figure de tous les jours; je ne sais pas pourquoi tout le monde se moque de moi... ce serait bien plutôt à moi à me moquer de vous, car je veux que l'on me pende, si vous n'êtes pas très ridicule dans cet accoutrement.

DÉROSOIR.

Silence... J'entends venir notre dupe, allez vous débarbouiller, mon cher, et gardez-vous de dire un mot qui puisse me faire découvrir. Laissez-moi faire, Amaury sortira d'ici aujourd'hui même : nous serons vengés, et demain, sans plus tarder, vous entrerez en jouissance.

SCÈNE VIII.

M. D'ANGERVILLE, DÉROSOIR.

———

M. D'ANGERVILLE.

Mille pardons de vous avoir fait attendre, monsieur le docteur; on ne m'annonce votre arrivée qu'à l'instant même.

DÉROSOIR (*contrefaisant sa voix*).

Il est certain, Monsieur, que je suis horriblement pressé, car la princesse Catherine, sœur de l'empereur de Russie, étant tombée dangereusement malade, on m'a envoyé un courrier en toute hâte; mais comme le hasard m'avait fait rencontrer en route le jeune homme que vous m'avez envoyé tantôt, et qu'ainsi qu'il a pu vous le dire, il m'avait rendu service en arrêtant un de mes chevaux qui avait pris le mors aux dents, tandis que mon cocher s'était endormi sur son siége, je n'ai pas voulu lui refuser une grâce qu'il me demandait avec instance.

M. D'ANGERVILLE.

Je ne connaissais point la circonstance du cheval qui a pris le mors aux dents.

DÉROSOIR.

C'est à elle cependant que vous devez ma visite. Un bienfait demande récompense ; la princesse Catherine attendra. Approchez-vous, Monsieur, je vais deviner la cause de votre mal, sans que vous ayiez besoin de me l'expliquer.

M. D'ANGERVILLE.

Mais, Monsieur...

DÉROSOIR.

Silence, s'il vous plaît, pour que je puisse examiner les signes ; tirez la langue seulement.

M. D'ANGERVILLE.

Mais, Monsieur.

DÉROSOIR (*avec impatience*).

Je n'ai pas de temps à perdre, vous disje. (*M. d'Angerville tire la langue. Dérosoir, après l'avoir examinée, affectant une grande colère.*) Monsieur, c'est une chose indigne, on ne se joue pas ainsi d'un homme tel que moi, d'un médecin que les empereurs et les rois se disputent.

M. D'ANGERVILLE.

Je vous assure, Monsieur...

DÉROSOIR.

Vous me faites appeler pour un malade, et je trouve un homme qui se porte à merveille; un homme qui, bien qu'âgé de quatre-vingts ans, en a encore plus de trente à vivre. François, mes chevaux, que je reparte à l'instant même. Je guéris les malades, Monsieur; je puis presque ressusciter les morts, quand il n'y a pas trop longtemps qu'ils le sont, bien entendu; mais que voulez-vous que je fasse auprès de vous?

M. D'ANGERVILLE (*enchanté de sa consul-tation*).

Mais, monsieur le docteur, c'est de mon petit-fils qu'il s'agit...

DÉROSOIR (*s'arrêtant*).

Ah! voilà qui est différent... Conduisez-moi près du malade.

M. D'ANGERVILLE.

On va l'amener, Monsieur, j'ai ordonné

qu'on l'appelât... C'est un enfant qui a trop d'intelligence pour son âge, ce qui fait que je tremble pour l'avenir, quoiqu'il coure comme un lapin, et qu'il ait assez bon appétit.

DÉROSOIR.

Ce n'est pas une raison, Monsieur, il y a tout à craindre pour les enfants dont l'intelligence est fortement développée.

M. D'ANGERVILLE.

Vous m'effrayez, Monsieur...

DÉROSOIR.

Quel âge a le petit bonhomme?

M. D'ANGERVILLE.

Douze ans, quatre mois et deux jours.

DÉROSOIR.

C'est justement le moment critique. Si l'enfant est brun, il y a plusieurs chances de salut; mais s'il est blond, cela devient plus difficile.

M. D'ANGERVILLE.

Ah! mon Dieu! mon pauvre Ernest! ses cheveux sont blonds comme l'or, car il ressemble comme deux gouttes d'eau à ma pauvre fille Marie. Ah! mon cher doc-

teur, ne m'abandonnez pas, c'est le seul
qui me reste.

DÉROSOIR.

Ne vous troublez pas, Monsieur, peut-
être n'est-il pas marqué du signe fatal.

M. D'ANGERVILLE.

Qu'entendez-vous par là, Monsieur?

DÉROSOIR.

Je vais m'expliquer clairement. L'intelligence trop précoce d'un enfant provient
d'un trop grand accroissement du cerveau.
Quand cette intelligence est excessive,
l'accroissement devient excessif, et par l'effet de certaines causes anatomiques qu'il
serait trop long de détailler ici, fait pousser,
sous l'oreille gauche, une tache vulgaire-
ment appelée lentille, ce qui est la marque
certaine d'une fin prématurée.

M. D'ANGERVILLE.

Juste ciel! je crois que mon petit-fils a une
tache pareille. Dieu puissant! je me meurs!

DÉROSOIR.

Tranquillisez-vous, Monsieur, je possède
le secret de faire disparaître ce sceau fatal
de la mort; mais il faut pour cela que

mes ordonnances soient ponctuellement suivies.

M. D'ANGERVILLE.

Oh ! je vous le jure !... Mais le voici qui vient.

DÉROSOIR.

Gardez-vous de l'effrayer en lui parlant de son état, cela pourrait être fort dangereux.

SCÈNE IX.

Les précédents, ERNEST.

ERNEST.

On m'a dit que vous me demandiez, grand-papa... Qu'est-ce donc que ce Monsieur ?

M. D'ANGERVILLE.

Un homme très respectable, un médecin fameux, auquel je veux te présenter.

ERNEST.

Ah! mon Dieu ! pourquoi a-t-il une si grosse perruque ? Elle est tr is fois plus grande que celle du docteur Renouard.

6

M. D'ANGERVILLE.

C'est que Monsieur est trois fois plus savant, mon ami. Allons, va le saluer et lui toucher la main.

ERNEST.

Est-ce que Monsieur est déjà venu ici, grand-papa?

M. D'ANGERVILLE.

Non, mon enfant.

ERNEST.

Voilà qui est drôle. Je n'ai jamais vu de pareille perruque, et il me semble cependant que je connais déjà Monsieur.

DÉROSOIR.

Tous les hommes ont entr'eux quelques points de rapport, mon petit ami; il ne serait donc pas impossible que vous eussiez vu quelqu'un qui me ressemblât. Approchez-vous que je vous examine. (*Montrant à M. d'Angerville une lentille sur le cou d'Ernest.*) Justement la voici.

M. D'ANGERVILLE.

Nous sommes perdus!...

DÉROSOIR.

Soyez tranquille, vous dis-je. N'est-il pas

vrai, mon petit ami, que vous aimez bien
à jouer?

ERNEST.

Certainement, Monsieur.

ERNEST.

DÉROSOIR *à* M. D'ANGERVILLE.

Eh bien! Monsieur, il faut, pour la santé
de cet enfant, qu'il joue du matin au soir,
qu'on ne le contrarie en rien, et qu'on se
prête même à ses caprices. Quant au régime, qui doit être strictement observé, il
doit manger ce qu'il aime le plus, et surtout beaucoup de tartes à la crême, de me-
ringues et de dragées, pour faciliter la di-
gestion et détourner les humeurs.

ERNEST.

Ah! grand-papa, vous aviez bien raison,
Monsieur est un fameux médecin.

M. D'ANGERVILLE.

Tu lui devras plus que tu ne penses,
mon Ernest; viens m'embrasser, cher enfant, et va t'amuser au jardin, si toutefois
cela te fait plaisir.

ERNEST.

Volontiers, grand-papa. Je vous salue,

monsieur le docteur, soyez toujours mon
médecin, je vous prie, car, malgré votre
grande perruque, je préfère vos ordonnances à la mousse de Corse et aux dro-
gues amères de M. Renouard.

SCÈNE X.

M. D'ANGERVILLE, DÉROSOIR.

—

M. D'ANGERVILLE.

Eh bien! qu'en pensez-vous, docteur?

DÉROSOIR.

Je ne vous dissimulerai point le danger,
Monsieur; il est beaucoup plus grave que
vous ne sauriez l'imaginer; l'affection cé-
lébrale est portée au plus haut degré, et
d'abord, premier symptôme du mal, je
suis persuadé que cet enfant a une mémoire
étonnante?

M. D'ANGERVILLE.

Hélas! il n'est que trop vrai, Monsieur...

DÉROSOIR.

Beaucoup de vivacité et de pétulance,
un grand penchant à l'espiéglerie?

M. D'ANGERVILLE.

Oui, Monsieur.

DÉROSOIR.

Il doit avoir fait, à l'âge de sept ans environ, une maladie assez grave ; trois ans plus tard, une autre plus grande encore.

M. D'ANGERVILLE.

C'est vrai, très vrai ; comment pouvez-vous deviner tout cela, rien qu'en le voyant un instant ? Je suis dans un étonnement inexprimable.

DÉROSOIR.

Monsieur, c'est la marche ordinaire de ce genre de maladie appelée lucrotique, et fort peu connue d'ailleurs. Sept, dix et treize ; la troisième mène au tombeau, si l'on n'y porte remède.

M. D'ANGERVILLE.

Ordonnez, docteur, je vous écoute comme un oracle.

DÉROSOIR.

D'abord je pense bien que vous n'avez pas fait la folie d'envoyer l'enfant au collége.

6.

M. D'ANGERVILLE.

Non pas, Monsieur, je n'aurais pu m'en séparer ; il a un précepteur chez moi.

DÉROSOIR.

Un précepteur!... ô père coupable, que l'ignorance rend barbare. Un précepteur à un enfant attaqué de lucrotisme... mais c'est vouloir sa mort.

M. D'ANGERVILLE.

Je recommandais toujours qu'on ne le fît pas trop travailler.

DÉROSOIR.

N'importe, la vue seule d'un précepteur est capable de le tuer, car il faut que vous sachiez, Monsieur, qu'il se développe ordinairement dans ces rares organisations, vers l'âge de douze ans et demi environ, un violent amour de l'étude, qui hâte la troisième et dernière crise.

M. D'ANGERVILLE.

Ah ! mon Dieu ! ce soir, pour la première fois de sa vie peut-être, il a demandé de lui-même à réciter ses leçons.

DÉROSOIR.

Renvoyez le précepteur sur-le-champ,

ou je ne réponds de rien ; c'est la première et la plus importante de mes ordonnances.

M. D'ANGERVILLE.

Mais... c'est que je suis engagé avec ce jeune homme, et que je n'ai du reste aucun sujet de mécontentement.

DÉROSOIR (*se levant*).

Alors je n'ai rien à faire ici, mes autres remèdes seraient inutiles. Puisque vous préférez le précepteur à votre enfant, gardez le précepteur, qui bientôt n'aura plus d'élève.

M. D'ANGERVILLE.

De grâce, docteur, ne m'abandonnez pas, je renverrai le précepteur.

DÉROSOIR.

Ce soir même.

M. D'ANGERVILLE.

Il est bien tard, docteur ; si nous attendions à demain matin?

DÉROSOIR.

A demain, Monsieur! risquer de provoquer la crise !

M. D'ANGERVILLE.

Allons, ce soir même, puisqu'il le faut...
J'avoue qu'il m'en coûte cependant, car
j'étais fort content de ce jeune homme. Il
est vrai qu'il a tenu sur mon compte certains propos qui me déplaisent, c'est toujours un prétexte.

DÉROSOIR.

A présent, Monsieur, que nous sommes
bien convenus du régime à suivre, je vais
prendre dans ma voiture des pilules infail-
libles que j'emporte toujours pour cet usage.
Votre Ernest doit en avaler une le premier
de chaque mois, pendant une année entière. Les douze pilules suffiront pour sa
guérison ; mais il faut que je vous pré-
vienne, Monsieur, que, quoique je n'exerce
point la médecine par amour du gain, mais
seulement pour le bien de l'humanité, de
sorte que je donne toutes mes consulta-
tions gratis, ces pilules, étant composées
de pistils d'une fleur très rare, qui croît
sur les rochers escarpés du pic de Ténérife,
et de cœurs de certains moucherons qu'on
ne trouve qu'au fond du grand désert de

Sahara, je ne puis les céder à moins de cent francs la pilule, encore n'est-ce pas le quart de ce qu'elles me coûtent, sans compter les dangers que j'ai courus.

M. D'ANGERVILLE.

Vous aurez les douze cents francs, quoique ce soient des pilules un peu chères; mais si vous me conservez mon Ernest, ma fortune ne suffirait pas à payer un tel service.

DÉROSOIR.

Je vais vous chercher les pilules, mon cher Monsieur ; mais vous, congédiez de suite le précepteur. Elles ne vous seront remises qu'après son départ.

SCÈNE XI.

M. D'ANGERVILLE.

—

En vérité, je ne sais trop comment m'y prendre... Si je priais Valmont de me rendre ce service ?.. mais, je le connais, il rirait de ce qu'il appellerait ma crédulité. Allons, du courage, il s'agit de mon petit-fils.

SCÈNE VIII.

M. D'ANGERVILLE, PAULIN.

—

M. D'ANGERVILLE.

C'est vous, jeune homme... que je vous
sais gré de m'avoir amené ce savant médecin !... Mais il faut que je voie Valmont.

PAULIN.

Vous le trouverez dans la prairie, Monsieur.

———

SCÈNE XIII.

PAULIN. (Il cherche partout.)

—

J'ai perdu mon portefeuille ! mon mé-
morial, mes belles phrases, les lettres de
Dérosoir, qui me tracent notre plan de
campagne, tout est là. S'il est tombé dans
les mains de l'ennemi, nous sommes perdus. Je suis dans des transes...

SCÈNE XIV.

PAULIN, ERNEST.

—

PAULIN.

Auriez-vous trouvé un portefeuille rouge, aimable Ernest?

ERNEST.

Je vous conseille de le chercher dans le jardin, où vous avez passé plus d'une heure à manger des abricots.

PAULIN (*se frappant le front*).

J'avais oublié le jardin, j'y cours de suite.

———

SCÈNE XV.

ERNEST.

—

Oui, cherche-le dans le jardin, ton portefeuille, va... En vérité, je l'avais oublié moi-même; lisons-le donc avant de le rendre; ce serait grand dommage de perdre l'occasion de connaître ces chefs-d'œuvre... (*Il tire le portefeuille de sa poche,*

et l'ouvre.) Tiens! voilà des lettres aussi...
Mais je connais cette écriture, c'est celle
de mon ancien précepteur. Qu'est-ce qu'il
peut donc lui dire? Il faut que je voie un
peu..... On vient... c'est Amaury, cachons
vite tout cela, car il me gronderait, sans
doute, de lire des lettres qui ne me sont pas
adressées.

SCÈNE XVI.

ERNEST, AMAURY.

—

AMAURY.

Embrassez-moi, mon enfant!...

ERNEST.

Bien volontiers... Mais qu'as-tu donc,
mon ami, j'ai cependant récité mes leçons
sans faute?

AMAURY.

Cela est vrai, cher Ernest, vous êtes un
aimable enfant, malgré vos étourderies.
Je me suis attaché à vous plus que je ne le
voudrais maintenant.

ERNEST.

Eh! pourquoi donc cela ? Mais tu as le
cœur gros comme quelqu'un qui va pleu-
rer. (*Lui sautant au cou.*) Amaury, cher
Amaury, je ne te quitte point que tu ne
m'aies dit le sujet de ton chagrin.

AMAURY (*à part*).

Qu'il m'en coûte de me séparer de lui !...
(*Haut.*) Laissez-moi, Ernest, je n'ai rien,
vous dis-je. (*L'embrassant.*) Va jouer, mon
ami, j'ai besoin d'être seul un instant.

ERNEST.

A la bonne heure ; mais ce soir tu me diras tout, n'est-ce pas ? (*A part.*) Je vais lire
les lettres du portefeuille.

SCÈNE XVII.

AMAURY.

Aimable créature ! qu'il m'en a coûté de
tenir la promesse que j'ai faite à M. d'Angerville, de partir sans qu'il le sache !...
Crédule vieillard, qui abandonne l'éducation de son petit-fils sur l'ordonnance du

premier charlatan venu !... Me voici donc
encore sans place et sans ressources!...
Oh! ma pauvre mère, quand pourrai-je
vous tirer de la misère?... Je m'étais flatté
que quelques années de servitude passées
dans cette maison m'en donneraient le
moyen. Un seul mot a détruit toutes mes
espérances... Pourrai-je trouver une autre
place?... (*Il cache sa tête dans ses mains.*)
Allons, du courage, Dieu veillera sur nous;
celui qui se confie en sa providence, et qui
s'aide de toutes ses forces, ne saurait man-
quer du nécessaire... J'entends venir ce
bon Pierre, faisons-lui nos adieux et par-
tons... Quand pourrai-je aussi m'acquitter
envers lui?

SCÈNE XVIII.

AMAURY, PIERRE.

AMAURY (*allant à lui et lui serrant la
main*).

Adieu, mon bon, mon fidèle ami.

PIERRE.

Comment, on vous renvoie, Monsieur,
vous, le fils de mon maître ; vous, le meilleur des jeunes gens. C'est une injustice,
vous êtes engagé pour un an, il faut ré-
clamer au juge de paix.

AMAURY.

Moi, faire un pareil scandale!... Jamais,
mon ami.

PIERRE.

Je m'en vengerai : d'abord je quitte
cette maison dès ce soir... Que Monsieur
cherche un autre intendant s'il le veut;
qu'on le vole, qu'on le trompe, tant pis
pour lui... Mais quel bien cela nous ferait-
il, après tout? Il faut que je trouve un autre moyen... Ce charlatan de docteur m'a
tout l'air d'un coquin; j'ai vu cette figure
quelque part, et dire que je ne puis me
rappeler en quelle circonstance! Ce grand
dada de Paulin me paraît un cafard, je l'ai
vu causant tout bas avec le charlatan :
votre nom a été prononcé, le mien aussi;
mais je n'ai pas entendu le reste; il y a
là-dessous quelque manigance diabolique.

Tudieu ! il faut que je démêle cet écheveau, ou j'y perdrai mon nom... Ne vous désespérez pas, mon cher enfant, nous trouverons une autre place, j'irai vous voir demain.

AMAURY.

Adieu, mon ami, je vais faire mes petits préparatifs et retourner chez ma mère... La pauvre femme ne s'attendait pas à me revoir si tôt, et si malheureux surtout. Adieu, adieu.

SCÈNE XIX.

PIERRE.

—

Il s'en va, les larmes aux yeux. Vrai comme je m'appelle Pierre, j'aimerais mieux que ce fût moi qu'on eût renvoyé, je n'ai pas de mère ni de sœur à nourrir, je ne suis utile à personne, moi ; je n'ai que ma vieille carcasse, qui est diablement avariée, encore.

—

SCÈNE XX.

PIERRE, ERNEST.

—

ERNEST.

Ah ! te voilà, Pierre... je veux te montrer quelque chose.

PIERRE (*d'un ton bourru*).

Laissez-moi donc tranquille, je ne suis pas d'humeur à plaisanter.

ERNEST.

Ah! mon Dieu, qu'as-tu donc? c'est cependant bien extraordinaire ce que je voulais te dire. M. Valmont n'est pas M. Valmont.

PIERRE.

Qu'est-ce que vous me chantez là?

ERNEST.

Il s'appelle d'Apremont.

PIERRE.

Eh!... comment dites-vous?

ERNEST.

Oui, oui, d'Apremont. (*Lui montrant les lettres.*) Regarde plutôt, c'est Dérosoir qui l'a écrit; et ce grand nigaud de Paulin s'appelle aussi d'Apremont; c'est le neveu de l'autre. Puis, il y a encore un autre neveu; mais il ne met jamais que la première lettre de son nom, un *A* tout seul.

PIERRE (*vivement*).

D'où tenez-vous cela? Donnez, donnez ;es lettres.

ERNEST (*les retirant*).

Mais pas du tout; elles sont à Paulin, dont j'ai ramassé le portefeuille, et je serais grondé si je ne les rendais pas.

PIERRE.

Donnez, vous dis-je, je les remettrai moi-même.

ERNEST.

Je ne veux pas. A peine si j'ai commencé à lire; et je veux savoir toute l'histoire.

PIERRE (*retenant Ernest*).

Il me les faut... Ah! mon Dieu! j'entends venir quelqu'un... Diable d'enfant... Eh bien! venez, nous les lirons ensemble.

ERNEST.

A la bonne heure; d'autant mieux qu'il

y a certaines choses que je ne comprends pas : tu me l'expliqueras, n'est-ce pas? Suis-moi.

PIERRE.

Oui, oui.

SCÈNE XXI.

M. D'ANGERVILLE, M. VALMONT, PAULIN, DÉRO-SOIR, le notaire, PIERRE (qui ne fait qu'avancer des chaises et sort).

M. VALMONT (*au notaire.*)

Asseyez-vous là, Monsieur; vous allez nous être nécessaire. (*A Paulin.*) Il est donc vrai que vous sentez pour moi un peu d'amitié?...

PAULIN.

Ah! Monsieur, je vous suis attaché comme le *lièvre* à l'ormeau, le chien à son maître : c'est un sentiment tout filial, une vénération, un amour!...

M. VALMONT.

Embrasse-moi, mon enfant; ton cœur ne t'avait pas trompé... je suis ton oncle.

PAULIN.

Ah ! je crois que je vais m'évanouir de joie !

DÉROSOIR.

Ce ne sera rien, jeune homme, respirez ce flacon.

PAULIN.

Oui, le remède est efficace, me voilà remis. (*D'un ton d'emphase et en déclamant.*)

Ah ! quel bonheur extrême
De trouver dans celui qu'on aime
Un oncle vertueux...

(*A part.*) Ah! maudit portefeuille. (*Haut.*) Je ne saurais continuer mon compliment ; la surprise, le saisissement...

M. VALMONT.

Laisse là ton compliment, mon enfant ; aime-moi toujours, et sois honnête homme, c'est tout ce que je te demande. Monsieur le notaire, disposez-vous à écrire sous ma dictée. (*A Paulin.*) Jette les yeux sur ce testament, tu verras de quelle fortune tu vas être possesseur... Ecrivez, monsieur le notaire : je donne la succession de mon frère...

SCÈNE XXII.

M. D'ANGERVILLE, M. VALMONT, DÉROSOIR,
PAULIN, le notaire, PIERRE, AMAURY, ERNEST.

———

PIERRE.

Arrêtez, arrêtez, monsieur d'Apremont;
votre sœur Louise vit encore; voilà son
fils Amaury. (*Montrant les lettres du portefeuille.*) Voyez par quelle indigne manœu-
vre on cherchait à l'éloigner de vous,
l'infâme Dérosoir, et cet hypocrite que
voilà.

M. VALMONT.

Dieu!... quelle émotion j'éprouve!...
Ma sœur!... ma bonne sœur!... (*Il lit.*)

PAULIN (*à part*).

Peste soit de l'animal! voilà que tout est
perdu. Maudit portefeuille; je me doutais
bien qu'il me jouerait un vilain tour.

M. VALMONT (*à Paulin*).

Quoi! mon neveu, c'est ainsi que, par
un vil motif d'intérêt, vous cherchez à me
tromper... c'est indigne!... où trouverai-je
ma sœur?

7.

PIERRE.

Au village, Monsieur, où, par suite de longs malheurs, elle vit pauvre et délaissée, sous le nom de madame Resai. Sans ce cher Amaury, qui travaille nuit et jour pour elle, votre sœur et ses filles seraient mortes de faim.

M. VALMONT.

Ma pauvre Louise! Et toi, Amaury, vrai modèle de piété filiale, viens embrasser ton oncle; tu mérites toute ma tendresse.

AMAURY (*l'embrassant*).

Croyez, mon oncle, que je ferai tous mes efforts pour m'en rendre digne... Dieu, que ma mère sera heureuse de vous revoir!... Elle nous a si souvent parlé de vous!...

M. VALMONT.

Bon et noble jeune homme, c'est donc toi qui la soutenais de ton travail et de tes veilles... Tant de vertus méritent bien une récompense... Tu seras mon seul héritier.

PAULIN (*pleurnichant*).

Ah! mon oncle, ne me déshéritez pas!...

M. VALMONT.

Laissez-moi, Monsieur.

DÉROSOIR *à* M. D'ANGERVILLE.

Je n'ai plus rien à faire ici, Monsieur, suivez mes ordonnances ; la princesse Catherine m'attend... Jacques, mes chevaux.

PAULIN (*se relevant*).

Eh quoi! Dérosior, vous me poussez dans le bourbier, et vous m'y laissez empêtré?

M. D'ANGERVILLE.

Dérosoir! que dit-il donc?

ERNEST (*frappant des mains*).

Ah! je savais bien qu'il ressemblait à quelqu'un de ma connaissance. (*Lui arrachant sa perruque.*) Eh! le voilà dans son état naturel. Otez donc aussi l'emplâtre.

M. D'ANGERVILLE.

Imposteur !...

DÉROSOIR.

Monsieur l'intendant, voilà le second compte que nous avons à régler ensemble, prenez garde à vous.

PIERRE (*d'un air dédaigneux*).

Je me moque de vos menaces, et de tous les fripons de votre espèce.

DÉROSOIR.

Vous, Paulin, vous ne serez jamais qu'un imbécile, trop méchant pour faire le bien, et trop sot pour faire des dupes ; je vous abandonne à votre sort. Et vous, vieillard stupide, voici l'or que vous me donniez pour des pilules, et que je suis bien forcé de rendre. (*Il jette une bourse sur la table et s'échappe.*)

M. VALMONT.

L'insolent... il mériterait... mais arrêtez-le donc !

M. D'ANGERVILLE.

Laisse-le, mon ami ; ma sotte crédulité mérite cette leçon.

PAULIN (*aux genoux de son oncle*).

Mon bon oncle, ma mère, qui était un panier percé, ne m'a laissé que huit cents francs de rente ; le moyen de vivre avec cela... et d'ailleurs vous voyez bien que c'est Dérosoir qui est cause de tout ; ainsi pardonnez-moi.

AMAURY.

Ne le repoussez pas, mon oncle ; il est le fils de votre frère.

M. VALMONT.

A ta recommandation, Amaury, je consens à lui accorder quelques secours... mais le vice et la sottise doivent recevoir leur punition : il ne recevra de moi que l'absolu nécessaire... Allons retrouver ma sœur.

AMAURY.

Oh! quelle joie pour ma bonne mère! Et toi, mon bon Pierre, toi qui as payé nos dettes de tes économies, qui te gênais pour nous secourir, tu ne nous quitteras plus, n'est-ce pas?

ERNEST (*sautant au cou d'Amaury.*)

Ni moi non plus; je veux devenir bon et savant comme toi, afin de nourrir aussi mon grand-papa, s'il devenait pauvre.

FIN DU TROISIÈME ET DERNIER ACTE.

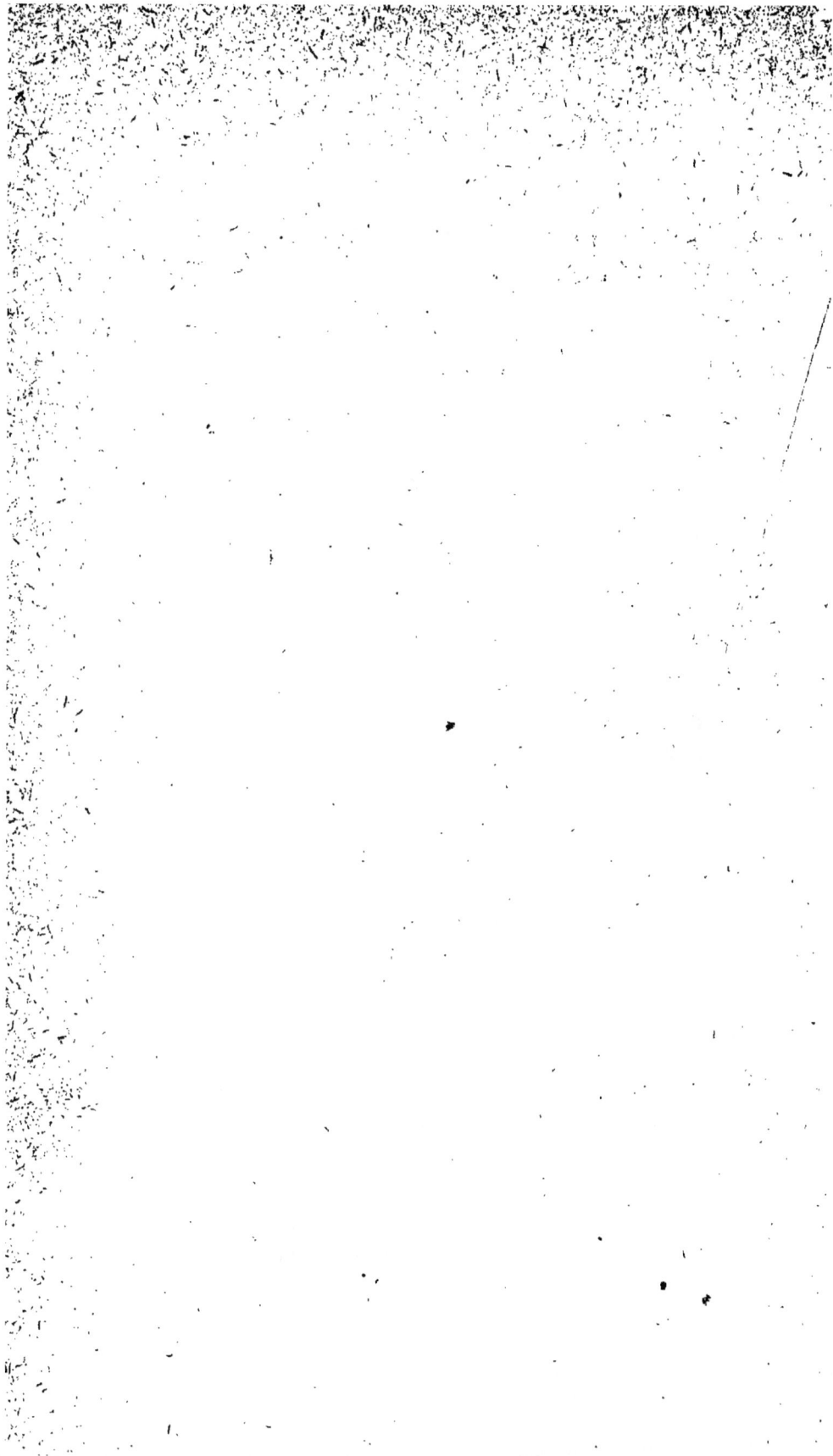

LE

PETIT RAMONEUR.

PERSONNAGES.

M. BERNARD.
JULIEN, son neveu.
M. HAMELIN.
CHARLES, EDMOND, ses fils.
M. RIQUIER, professeur de JULIEN.
ANTOINE, Savoyard.
ANDRÉ, ramoneur.
FRANÇOIS, domestique de M. BERNARD..
Plusieurs paysans.

La scène se passe dans le château de monsieur Bernard,
à la campagne.

ACTE PREMIER.

Le théâtre représente un vestibule.

SCÈNE Iʳᵉ.

(Au lever du rideau, Julien joue à la balle contre le
mur; Charles et Edmond entrent un instant après.)

JULIEN, CHARLES, EDMOND.

JULIEN.

Un, deux, trois, quatre... il faut que
j'aille jusqu'à cent... cinq, six, sept...

CHARLES.

Bonjour, camarade.

JULIEN.

Huit, neuf, dix...

EDMOND (*plus haut*).

Bonjour, monsieur Julien. Nous avons reçu en même temps l'invitation de ton oncle, et la lettre de ton précepteur; et nous arrivons de la campagne tout exprès pour étudier nos couplets pour ce soir : tu sais bien. Il ne nous reste pas de temps à perdre.

JULIEN (*sans se déranger*).

Dix-sept, dix-huit, dix-neuf...

EDMOND.

La réception est amicale! Est-ce qu'il serait devenu sourd, par hasard? (*Il va à lui et le secoue en criant :*) Julien! Julien!

JULIEN.

Imbécile! voilà ma balle tombée : c'est vous qui en êtes cause.

EDMOND.

Et pourquoi, Monsieur, ne pas daigner nous répondre lorsque nous vous avons adressé la parole?

JULIEN.

Pourquoi? parce qu'il ne me plaît pas, à
moi. J'étais en train de jouer, et je n'aime
pas qu'on me dérange.

EDMOND.

Oh! oh! vous le prenez sur un ton!

JULIEN.

Je le prends comme il me convient. Si
vous n'êtes pas content, tant pis pour vous.
(*Il reprend sa balle et recommence à compter.*)

EDMOND.

Impertinent! j'ai envie de lui donner une
leçon dont il se souvienne.

CHARLES.

Point de querelle, mon frère, papa ne
serait pas content de nous, lui qui nous a
tant recommandé de nous bien conduire.
La voiture est encore dans la cour; laissons là cet impoli et allons-nous-en.

EDMOND.

Mais pas du tout; c'est son oncle qui nous
a invités à passer la journée ici, et je ne
m'en irai pas, moi. Ce serait avoir l'air de
lui céder. Je vais trouver M. Bernard, et

lui conter la manière dont son neveu nous a accueillis.

CHARLES.

Fi donc, mon frère! ce serait mal reconnaître la politesse de M. Bernard, que de lui faire des rapports sur le compte de son neveu.

EDMOND.

Et pourquoi le neveu d'un galant homme s'avise-t-il d'être un malotru ?

JULIEN (*allant à lui*).

Malotru ! Qu'entendez-vous par là, Monsieur? Vous m'insultez, je crois, et vous allez m'en rendre raison.

EDMOND.

Je ne demande pas mieux. (*Ils s'avancent l'un contre l'autre; Charles les sépare.*)

CHARLES.

Allons, allons ; point de combat, je vous prie. Edmond, veux-tu te montrer aussi grossier que lui? Julien, nous savions bien que vous étiez un brutal avant votre départ; mais vous étiez bien jeune alors, et nous pensions que l'année que vous venez de passer au collège vous aurait formé le caractère ; sans cela, nous ne serions jamais retournés dans cette maison. Nous vous retrouvons plus impertinent que jamais. Adieu donc, et pour toujours.

JULIEN.

Ah ! si vous croyez me punir, vous vous trompez joliment : j'ai bien assez de camarades sans vous.

EDMOND.

S'ils vous ressemblent, ils doivent être gentils, vos camarades.

CHARLES (*l'entraînant.*)

Allons, viens donc !

JULIEN (*sur le devant de la scène*).

Je n'aurai garde de les engager à venir me voir, pour m'entendre dire sans cesse, comme l'année dernière : Regardez donc Charles, comme il est doux et raisonnable ; voyez Edmond, comme il fait des progrès. C'est cela qui me les a fait prendre à tic ; et si mon oncle m'avait consulté, ils n'auraient certes pas remis le pied dans cette maison.

SCÈNE II.

JULIEN, CHARLES, EDMOND, M. BERNARD, le
précepteur.

M. BERNARD.

Bonjour, mes petits amis; je suis fort content de vous voir. Mais où est donc votre père? J'espérais qu'il serait du voyage.

CHARLES.

Il ne doit pas tarder à arriver, Monsieur. Il avait une petite excursion à faire dans les environs, de sorte qu'il est monté à cheval et a pris les devants.

M. BERNARD.

A la bonne heure. Mais, comme te voilà grandi, Charles! Tu es presque un homme, maintenant. Et toi, mon petit Edmond, es-tu toujours studieux, comme l'année dernière?

EDMOND.

Je n'ose pas trop dire oui, Monsieur.

M. BERNARD.

Par modestie, assurément; Julien a été bien heureux sans doute de revoir ses petits camarades; n'est-il pas vrai, mon neveu?

JULIEN.

Mais, mon oncle !...

M. BERNARD.

C'est tout naturel. Allons, mes enfants, amusons-nous ensemble en attendant le déjeuner. Julien, je te charge de faire à tes amis les honneurs de la maison. (*Au précepteur.*) Je vous laisse avec eux, Monsieur.

SCÈNE III.

JULIEN, CHARLES, EDMOND, le précepteur.

JULIEN (*à part*).

Le bel emploi qu'il me donne là!...

LE PRÉCEPTEUR (*à part*).

Profitons de ce moment pour lui apprendre nos couplets. (*Haut.*) Vous savez, Julien, que si c'est demain votre fête, c'est aussi celle de votre bon oncle, puisque vous portez son nom.

JULIEN.

Vous ne m'apprenez rien de neuf, il y a cent ans que je sais cela.

LE PRÉCEPTEUR.

Cent ans, c'est difficile... Mais ce à quoi vous n'avez pas pensé sans doute, c'est de préparer une petite fête en son honneur. Je connais son caractère, cette attention de votre part lui fera plaisir.

JULIEN.

Il fallait me dire cela plus tôt. Il est trop tard maintenant.

LE PRÉCEPTEUR.

J'y ai pensé pour vous, Monsieur. Ce soir, tous les jeunes paysans de la paroisse, vêtus de leurs habits du dimanche, et portant des corbeilles de fleurs, nous joindront dans la grande cour du château, avec la musette du village. Vous vous mettrez à leur tête, accompagné de MM. Charles et Edmond, qui veulent bien seconder nos projets ; vous chanterez les petits couplets que j'ai préparés à ce sujet sur un air bien connu, et tous les paysans répéteront en chœur le refrain.

JULIEN.

Je ne sais pas chanter, moi.

LE PRÉCEPTEUR.

La bonne volonté supplée au talent, vous ferez de votre mieux.

JULIEN.

C'est facile à dire. Si j'étais seul, à la bonne heure; mais devant Edmond, qui est moqueur en diable, et qui a la prétention d'être un musicien distingué.

EDMOND.

Moi, pas du tout.

LE PRÉCEPTEUR.

Il aura la complaisance de vous donner le ton, et de vous exercer un peu; j'ai compté sur lui.

EDMOND.

Avec grand plaisir, Monsieur.

JULIEN.

Non, non. Pour qu'il se figure que je lui ai de l'obligation, n'est-ce pas? Je ne suis pas d'humeur chantante et je ne chanterai pas.

LE PRÉCEPTEUR.

Le joli petit caractère! Eh bien! Monsieur, puisque ni ma douceur ni le désir d'être agréable à un oncle qui vous a com-

blé de bienfaits, ne peuvent rien sur votre
cœur, je prendrai le parti d'user de sévérité
à votre égard ; et, pour commencer, vous
saurez que nous n'avons nul besoin de votre chant, et que la fête aura lieu sans que
vous vous en mêliez le moins du monde.

JULIEN.

Qu'est-ce que ça me fait? (*Il va reprendre sa balle, et se met à jouer dans un
coin.*)

LE PRÉCEPTEUR.

Me voilà obligé de changer quelque
chose à mes couplets, qui étaient faits pour
Julien. Ce ne sera pas long ; voulez-vous
toujours essayer le refrain ?

EDMOND.

Volontiers, Monsieur. (*Il fredonne.*)

    La voix de la reconnaissance
    Et celle du plus tendre amour.....

(*Julien fait tomber par malice sa balle sur
Edmond.*)

LE PRÉCEPTEUR.

Voilà qui est trop fort, par exemple. (*A
Julien.*) Montez dans votre chambre, Mon-

sieur, et vous y resterez pendant tout le
jour.

JULIEN.

Je ne veux pas, moi.

LE PRÉCEPTEUR. (*Il sonne, et dit à la
cantonade.*)

François, emportez M. Julien de force ;
vous l'enfermerez dans sa chambre, et vous
me donnerez la clef. (*François s'avance
pour saisir Julien.*)

JULIEN. (*Il pleure en se débattant.*)
Hé ! hé ! hé ! hé !

CHARLES.

Monsieur, faites-lui grâce en notre faveur, je vous prie !...

LE PRÉCEPTEUR.

Si je pouvais espérer qu'il eût le moin-
dre regret de sa conduite, et un peu de
bonne volonté pour l'avenir.

CHARLES.

Il en aura, Monsieur, j'en suis sûr. N'est-
il pas vrai, Julien ?

LE PRÉCEPTEUR *à* JULIEN.

Vous ne dites rien, Monsieur. Avez-vous

l'intention de vous mieux conduire désormais?

JULIEN.

Et oui, oui ; qu'on me laisse, seulement.

LE PRÉCEPTEUR.

Pour cette fois encore, je veux bien user d'indulgence, par égard pour vos camarades. (*A François.*) François, vous pouvez vous retirer. (*A Julien.*) Mais vous, Julien, n'êtes-vous pas honteux d'avoir donné à ces messieurs un tel échantillon de votre caractère, et faut-il qu'on soit encore forcé, pour vous corriger, à employer de pareils moyens?

JULIEN (*à part*).

Le méchant précepteur qu'on m'a donné là. Il vaudrait presque autant ne pas m'être fait renvoyer du collége.

LE PRÉCEPTEUR.

Allons, jeunes gens, répétons nos couplets... Mais j'entends venir M. Bernard, il ne faut pas qu'il se doute de l'affaire. Allez m'attendre dans ma chambre, je vous rejoins dans un instant.

SCÈNE IV.

Le précepteur, M. BERNARD, M. HAMELIN.

M. BERNARD.

Je croyais retrouver ici toute notre jeunesse.

LE PRÉCEPTEUR.
Ils m'attendent en haut, Monsieur.

M. BERNARD.
Vous aurez soin qu'ils s'amusent sans se faire du mal, n'est-ce pas? Point de fusils surtout, point de promenades sur l'eau; ne les quittez pas un instant, je vous prie; il y a tout à craindre avec les enfants, et cette maison porte malheur.

LE PRÉCEPTEUR.
Soyez tranquille, j'en réponds.

SCÈNE V.

M. BERNARD, M. HAMELIN.

M. BERNARD.

Mon cher Hamelin, combien je suis heureux de te revoir! C'est, depuis de longues années, le premier instant de bonheur dont j'aie joui.

M. HAMELIN.

Toujours de noires pensées, Bernard ; le temps n'a donc pas encore cicatrisé cette plaie?

M. BERNARD.

Il est des douleurs que le temps ne peut calmer.

M. HAMELIN.

Je comptais trop sur ce voyage que tu viens de faire. Bon! me disais-je, le mouvement va le distraire, le changement d'air ravivera sa santé ; mais, faut-il l'avouer, mon cher ami? ton aspect a détruit l'espoir que j'avais conçu, et tu me sembles plus souffrant que jamais. Il faut absolument secouer la tristesse qui te mine, et qui te jouerait quelque mauvais tour, je t'en avertis.

M. BERNARD.

Eh! mon ami, loin de craindre la mort, je l'attends avec une sorte d'impatience. N'est-ce pas le seul espoir des malheureux?

M. HAMELIN.

Il est bien question de mourir, vraiment!
Il faut te guérir, te dis-je...

M. BERNARD.

A quoi bon? Ne suis-je pas désormais
inutile ici-bas? Mon corps est encore sur
cette terre, mais mon esprit et mes affec-
tions sont ailleurs. La vie m'est de-
venue tellement à charge, qu'il est des
moments où je suis tenté de m'en déli-
vrer. Un peu de plomb dans la tête, et tout
serait fini.

M. HAMELIN.

Malheureux, oublies-tu que tes talents
peuvent être utiles à tes semblables, et
qu'il y a toujours des malheureux à soula-
ger? Tu ne penses pas non plus à la douleur que tu causerais à tes amis ? Et pourquoi le temps, qui console de tous les
maux, n'adoucirait-il pas les tiens?

M. BERNARD.

Sois tranquille, ami, un motif plus puissant que tous les raisonnements me fera
toujours repousser la tentation qui m'ob-
sède. La religion condamne le suicide, et

7.

cela suffit pour m'arrêter. Je n'ai garde de
m'ôter tout espoir de rejoindre ceux que je
regrette.

M. HAMELIN.

A la bonne heure ; mais ce n'est pas assez. Il faut te soigner, te distraire, t'égayer,
te rattacher à la vie par un lien quelcon-
que. Diable ! quand on est riche ce n'est
pas si difficile, les occasions ne manquent
pas. Remarie-toi.

M. BERNARD.

C'est impossible. L'amour qui m'atta-
chait à ma pauvre Emilie fut trop vif...
aucune autre ne tiendra sa place dans ma
maison ni dans mon cœur. Crois-moi,
mon ami, je n'ai plus rien qu'à mourir.

M. HAMELIN.

Encore!... D'honneur, tu m'échauffes la
bile. Je connais vingt personnes qui manquent de pain, et qui ne pensent pas du
tout à mourir. Tu avoueras cependant
qu'elles sont plus malheureuses que toi?

M. BERNARD.

Peut-être. Si elles aiment et sont aimées,
leur sort est moins triste que le mien.

M. HAMELIN.

Bah! cela est bon à dire. Tu n'as jamais connu le besoin, toi.

M. BERNARD.

Cela est vrai, j'ai toujours eu de l'or à pleines mains ; le bonheur, jamais.

M. HAMELIN.

Encore une plainte injuste, Bernard. Rappelle-toi le passé.

M. BERNARD.

Oui, ma jeunesse s'écoula heureuse. Ma mère, la meilleure des femmes, m'aimait d'un amour extrême. Sa fortune dépassa mes espérances. Tout réussissait au gré de mes désirs. J'épousai celle que j'aimais dès l'enfance, et notre union fut intime ; mais ces doux souvenirs rendent encore ma douleur plus amère ; les malheurs de la seconde moitié de ma vie s'aggravent par la comparaison de ma félicité passée. Absent, comme tu l'étais alors, tu n'as pas connu toutes mes douleurs. D'abord, je perdis ma bonne mère.

M. HAMELIN.

C'est un grand malheur, sans doute ; mais

il est dans le cours ordinaire de la nature. Tout homme qui fournit sa carrière éprouve cette affliction.

M. BERNARD.

Mais du moins vos enfants devraient nous survivre à leur tour. J'avais un fils de dix ans, robuste et courageux pour son âge. Il m'accompagnait à la promenade, me suivait à la chasse. Malheureux que je suis ! c'est moi qui l'ai conduit à la mort. Mon fils fut tué sous mes yeux ; un coup de fusil imprudemment tiré atteignit ce petit être, pour lequel j'aurais donné jusqu'à la dernière goutte de mon sang. Une heure après, il expirait dans mes bras.

M. HAMELIN.

Affreuse catastrophe !

M. BERNARD.

Trois mois après, ma femme, grosse et souffrante, était couchée sur son lit ; ma fille, charmante enfant de quatre ans, jouait auprès de sa bonne, qui, malgré l'ordre exprès qu'elle avait reçu de ne jamais quitter notre petite Céline, sortit de la chambre pendant quelques minutes. Il n'en

fallut pas davantage pour consommer notre malheur : l'enfant tomba dans le feu,
et avant qu'on accourût à ses cris, la pauvre petite créature était déjà horriblement
brûlée. Elle en mourut. Ma femme, qui
s'était élancée à son secours, accoucha avant
terme, et après huit jours de souffrances
expira en m'embrassant. Crois-tu que le
cœur de l'homme soit assez fort pour ne
pas être brisé par de si cruelles épreuves ?

M. HAMELIN.

J'avoue que tout cela est affreux.

M. BERNARD.

Eh bien ! j'eus encore le courage de supporter l'existence. Ma pauvre Emilie avait
mis au monde un enfant frêle et délicat,
qui lui ressemblait étonnamment ; je repor-
tai sur lui toute la tendresse de ce cœur si
violemment déchiré ; je lui consacrai ma
vie entière, je l'aimais avec passion, il me
tenait lieu de tout ; je fis pour lui ce que
bien peu d'hommes font d'ordinaire : je de-
vins sa bonne, je le portais dans mes bras,
je le menais à la promenade. Sa nourrice
lui donnait le sein, mais ce fut moi qui lui

fis essayer ses premiers pas; moi qui, comme une mère, reçus ses premières caresses
et son premier sourire. Il grandit et embel-
lit sous mes yeux. Son regard avait une
expression ravissante de bonté et de gaîté
franche ; ses cheveux blonds tombaient en
grosses boucles autour de son petit cou,
blanc comme l'ivoire; ses yeux bleus,
taillés en amande, ressemblaient à ceux de
ma pauvre Emilie. Il me semble que je le
vois encore, me rendant caresses pour caresses, amour pour amour. Des affaires
importantes m'appelèrent à Paris; je
partis, emmenant mon petit Emile, qui ne
me quittait jamais. Tout en m'occupant de
mes affaires, je lui montrais tout ce qui
pouvait l'intéresser dans cette ville, où
chaque âge trouve quelque chose à admi-
rer. Le Jardin des Plantes l'amusait infiniment, nous y passions des journées en-
tières; il me questionnait, avec une intelligence peu commune, sur les mœurs des
différents animaux qui peuplent ce séjour;
il se plaisait à caresser les biches, les gazel-
les, qui venaient manger dans sa main à

travers les barreaux de leurs petites mai-
sons, comme il les appelait... Un jour...
jour d'affreuse mémoire ! je rencontre mon
avocat, qui se met à me parler du procès
qui m'avait attiré à Paris. Nous nous as-
seyons tous deux, Emile jouait autour de
nous. Tout-à-coup je ne l'aperçois plus sur
le tapis de gazon où il prenait ses ébats,
je l'appelle, il ne me répond point ; je par-
cours à grands pas le jardin, je me fais ai-
der par plusieurs personnes, les recoins
les plus obscurs furent visités l'un après
l'autre, mais inutilement. J'avertis la po-
lice, je réclamai mon fils dans les journaux,
toutes mes démarches furent infructueu-
ses. Alors une horrible idée s'empara de
mon esprit : je me dis que l'enfant était
tombé dans la fosse aux ours et qu'il avait
été dévoré par ces animaux. Plus j'y réflé-
chissais, plus cette affreuse pensée prenait
de consistance ; elle devint une idée fixe ;
j'avais sans cesse devant les yeux ce petit
corps délicat, cette chair de ma chair
broyée entre leurs dents ! Huit ans se sont
écoulés depuis cet horrible jour, et je n'y

pense jamais sans qu'une sueur froide ne
couvre aussitôt mon front... (*Il cache sa tête
dans ses mains, et paraît anéanti.*)

M. HAMELIN.

Pauvre Bernard ! ta douleur t'égare, j'en
suis sûr. A-t-on retrouvé quelques restes
de l'enfant? quelques lambeaux de ses habits ? tu l'aurais su, sans doute ; tu dois
avoir interrogé le gardien.

M. BERNARD.

Il n'aura pas osé me dire l'affreuse vérité !... Oh ! pourquoi suis-je encore en vie!
pourquoi les ours impitoyables ne m'ont-
ils pas broyé entre leurs dents !

M. HAMELIN.

Allons, calme-toi.

M. BERNARD.

N'entends-tu pas des cris?..... Quel nouveau désastre est venu fondre sur nous?
Pourquoi m'as-tu amené tes enfants? Fuis
avec eux, mon contact est fatal, te dis-je.
(*Il retombe épuisé sur son fauteuil.*)

M. HAMELIN.

Bernard, ces cris sont ceux de ton neveu, de mes enfants, qui jouent dans le

jardin. Ecoute... ils chantent maintenant.

M. BERNARD.

C'est vrai. Pardon, mon ami, de l'état où tu viens de me voir. Patience et résignation, telle doit être ma devise, jusqu'à ce qu'il plaise au Seigneur de me retirer de cette terre, où je suis devenu inutile.

M. HAMELIN.

Et ce neveu que tu élèves auprès de toi, à qui tu sers de père, ne peut-il t'apporter quelque consolation?

M. BERNARD.

Je l'avais espéré. Il est fils d'une de mes cousines; il perdit presque en naissant son père et sa mère, et resta entre les mains d'un parent éloigné qui s'occupa très peu de lui, et qui finit par déclarer qu'il ne pouvait le garder plus longtemps, ayant luimême plusieurs fils. Je revenais alors d'un de ces fréquents voyages que je faisais, toujours dans le but de chercher mon pauvre Emile, malgré la cruelle conviction que j'emportais au fond de mon cœur. J'appris le sort du petit Julien, mon filleul, je pris cet enfant près de moi, pour lui être

9

utile d'abord, et espérant aussi que son affection pourrait apporter quelques conso-
lations à ma douleur. Mais, te l'avouerai-je,
mon ami? loin d'obtenir ce résultat, le
caractère emporté et capricieux de cet enfant me cause un chagrin véritable. Quelle
différence avec mon fils! Autant Emile
était doux, bon et caressant, autant Julien
est colère, inappliqué, querelleur. Le ciel
fasse qu'il ne soit pas méchant! Il pousse
à bout tous ses maîtres, il s'est fait renvoyer du collége; ce n'est point là l'héritier que j'aurais souhaité.

M. HAMELIN.

Il est bien jeune encore.

M. BERNARD.

C'est ce que je me répète; j'espère beaucoup du précepteur que je viens de lui
donner; c'est un homme de mérite, je le
connais depuis longtemps pour tel. La société de tes enfants ne peut aussi qu'être
très utile à Julien, et je te remercie de les
avoir amenés; ils sont fort intéressants,
et je te trouve très heureux d'avoir de pareils fils.

M. HAMELIN.

Ils ont leurs défauts comme les autres, mais ce sont de bons garçons, à tout prendre. (On entend une voix qui chante :)

Ramonez ci, ramonez là,
La cheminée du haut en bas.

M. BERNARD.

Qu'est-ce donc que ce bruit? N'entends-tu pas une voix d'enfant qui semble venir du tuyau de la cheminée?

M. HAMELIN.

Oui, certainement. C'est quelque ramoneur en fonctions.

M. BERNARD.

La circonstance est bien choisie pour une pareille besogne : nous allons être étouffés de poussière, mes domestiques n'en font jamais d'autres.

M. HAMELIN.

Ecoute donc, lorsqu'on demeure à la campagne, il faut profiter de l'occasion.

M. BERNARD.

Bien, mais cette cheminée n'avait aucun besoin d'être ramonée, on n'y avait pas fait de feu de tout l'hiver, et je ne conçois pas

comment l'enfant a pu y monter, puisque
nous n'avons pas bougé d'ici.

M. HAMELIN.

Il y sera entré par le toit ou par quelque grand tuyau correspondant. Le mal
n'est pas grand, d'ailleurs, et nous pouvons
aller faire un tour dans le jardin.

M. BERNARD.

J'ai quelques ordres à donner, je te suis
dans un instant.

SCÈNE VI.

M. BERNARD, ANDRÉ (descendant de la cheminée.)

ANDRÉ. (*Il descend sans voir Bernard, caché derrière un paravent.*)

En v'là une qui ne m'a donné guère de
peine, par exemple : c'est tout au plus si
elle en avait besoin... Mais où suis-je donc?
Ce n'est pas ici que j'étais monté !... Oh!
la belle chambre ! les beaux meubles ! que
ça fait plaisir à voir! Que je m'assoierais
volontiers dans ce beau fauteuil ! mais il
ne faut pas, je le salirais avec ma culotte
couverte de suie... Oh! le beau miroir ! on

s'y voit de la tête aux pieds. Suis-je laid
comme ça, avec cette figure noire et ces
habits sales ! Quand je serai grand et assez
fort pour travailler, je prendrai un autre
état, un état propre, et où l'on gagne gros,
menuisier par exemple. J'aurai de bonnes
journées ; le pauvre Antoine pourra se re-
poser alors, il vivra en bourgeois, je ga-
gnerai assez pour tous les deux. (*La pendule sonne.*) La jolie chanson que dit cette
montre ! qu'on est heureux d'avoir de si
belles choses ! J'en ai déjà vu en quelque
part, de ces montres-là. Une fois j'ai rêvé
que je couchais dans une belle chambre
comme celle-ci; il y a bien longtemps,
mais je m'en souviens toujours. Il y avait
un beau miroir, une grande montre son-
nante, de beaux vases, tout comme ici.....
Il me semble maintenant qu'il y avait aussi
des fauteuils bleus comme celui-là, et une
tapisserie comme celle-là, et des tableaux
dans des cadres, comme j'en vois là. Quel
drôle de rêve ! je ne me l'étais jamais si
bien rappelé qu'à présent. J'avais de beaux
habits, un lit avec des rideaux blancs; il

me semble que je le vois encore. (*Regar·
dant autour de lui.*) Il n'y en a pas, de lit.

M. BERNARD (*sortant vivement de derrière le
paravent*).

Que dis-tu là ? tu connaissais cette chambre ; il y avait un lit qui n'y est plus ?

ANDRÉ.

Pardon... excuse... mon bon Monsieur...
Je regardais un peu... mais je suis un honnête garçon, je n'ai touché à rien. Il y a
encore une cheminée à ramoner ; j'y vais
vite.

M. BERNARD.

Attends un peu. Comment avais-tu vu
cette chambre? Parle, parle tout de suite.

ANDRÉ (*troublé*).

Mais, mon bon Monsieur! mais je ne
l'avais jamais vue, je vous assure, puisque
c'est la première fois que je ramone les
cheminées de cette maison, à tel compte
que nous n'étions jamais venus dans le
pays.

M. BERNARD.

Mais que disais-tu donc tout-à-l'heure?
car j'étais là, je t'entendais, moi.

ANDRÉ.

Quoi, Monsieur! Qu'ai-je donc dit? Je ne
m'en souviens plus, je suis si troublé.

M. BERNARD.

Tranquillise-toi, mon enfant, et réponds-
moi sans crainte. Tu n'as pas toujours été
ramoneur?

ANDRÉ.

Si fait, Monsieur; du moment où j'ai eu
assez de force pour râcler.

M. BERNARD (*à part*).

Hélas! j'avais un instant espéré. (*Haut.*)
Mais alors comment as-tu couché dans une
belle chambre comme celle-ci?

ANDRÉ.

Oh! mon bon Monsieur, c'est un rêve
que j'ai fait une fois, il y a bien longtemps; et les rêves ça n'est pas vrai, m'a
dit mon père.

M. BERNARD.

Tu as donc ton père?

ANDRÉ.

Bien sûr, grâce à Dieu.

M. BERNARD (*à part*).

Trop courte illusion! tout est fini main-

tenant. Les forces ne manquent. (*Il s'assied.*)
(*Haut.*) Où l'as-tu donc laissé, ton père?

ANDRÉ.

Au village donc, parce qu'il est malade
depuis quelques jours, et quand le beau
monsieur tout galonné m'a dit : Il y a
trente sous à gagner au château, j'ai répondu : J'y vas. Mon père Antoine ne vou-
lait pas, lui, parce qu'il a mal à la jambe
et qu'il croyait que je ne pourrais pas
ramoner tout seul ; moi j'étais sûr de pouvoir, et je lui ai dit : Soyez tranquille, je
vous rapporterai de bon argent pour que
vous en achetiez du bouillon et du vin, qui
vous feront grand bien ; car, voyez-vous,
Monsieur, quand j'étais tout petit, mon père
Antoine travaillait pour nous deux ; maintenant qu'il se fait vieux et que je deviens
fort, c'est à moi à travailler pour lui.

M. BERNARD.

Très bien, mon petit, conserve toujours
de pareils sentiments, ils attireront la béné-
diction du ciel sur ton père et sur toi.

ANDRÉ.

Que le bon Dieu vous écoute, Monsieur,

nous en avons besoin; car depuis quelque temps mon père est souvent malade, et j'en ai beaucoup de chagrin, d'autant plus qu'il manque d'argent pour se faire soigner... Heureusement l'hiver arrive, il y aura des cheminées à ramoner, et cela rapporte toujours plus que de jouer de la vielle.

M. BERNARD.

Tu joues donc de la vielle?

ANDRÉ.

A votre service, mon bon Monsieur.

M. BERNARD.

Eh bien! tu dîneras au château, et tu nous joueras ensuite tes plus jolis airs; j'ai ici de petits jeunes gens que cela doit amuser.

ANDRÉ.

Bien de la bonté, Monsieur, mais mon père serait inquiet, et puis je n'ai pas ma vielle; je retournerai tantôt, si vous voulez.

M. BERNARD.

C'est convenu. En attendant, voilà ton salaire.

ANDRÉ.

J'ai déjà reçu trente sous du monsieur
galonné.

M. BERNARD.

Prends encore ceci, ce sera pour ta chanson.

ANDRÉ (*sautant de joie*).

Une pièce de vingt sous jaune, c'est bien
plus joli que les blanches. Serviteur, mon
bon Monsieur, je vais mettre ma veste du
dimanche, et je reviens avec ma vielle,
c'est l'affaire d'une heure au plus.

M. BERNARD (*le regardant sortir*).

L'aimable enfant!... Son père vieux et
pauvre est cependant bien plus heureux
que moi!

FIN DU PREMIER ACTE.

ACTE SECOND.

(Le théâtre représente la salle à manger du château. Une grande table est chargée de fruits et de pâtisseries de toute espèce; sur une autre table sont plusieurs joujoux.)

SCÈNE Iʳᵉ.

M. BERNARD, M. HAMELIN, FRANÇOIS (qui achève de mettre le couvert).

M. HAMELIN.

Mais c'est une folie, tant de frais pour amuser des enfants.

M. BERNARD.

Que veux-tu? C'est demain ma fête, et si la gaîté est bannie de mon cœur, je veux du moins qu'elle règne autour de moi. Je me fais un vrai plaisir de leur surprise. François, allumez ces bougies.

M. HAMELIN.

Y penses-tu? il fait encore grand jour.

M. BERNARD.

N'importe, le coup d'œil sera plus beau...

Voilà qui va bien à présent ; nous pouvons les appeler, tout est prêt pour les recevoir.

SCÈNE II.

Les précédents, ANTOINE, ANDRÉ.

ANTOINE (*d'un air embarrassé*).

Excusez, Messieurs, la liberté que je prends... Pardon, j'ai demandé le maître de la maison, parce que, sauf votre respect, j'avais quelque chose à lui dire. On m'a fait entrer ici.....

ANDRÉ (*désignant M. Bernard*).

Mon père, voilà le bon Monsieur.

M. BERNARD.

Eh ! c'est mon petit André. Je vois avec plaisir qu'il est exact au rendez-vous. As-tu apporté ta vielle, mon enfant?

ANDRÉ.

La voici, Monsieur.

M. BERNARD.

Et c'est là ton père?

ANDRÉ.

Oui, Monsieur.

ANTOINE.

Votre serviteur... Je voudrais vous dire

quelques mots, si c'était votre bon plaisir
de m'écouter.

M. BERNARD.

Parlez, mon brave homme.

ANTOINE.

Nous sommes arrivés un peu tard, Monsieur, parce que j'ai mal à la jambe et je
ne puis marcher vite ; mais je voulais ac-
compagner le petit gars pour la chose de
vous faire savoir que nous sommes tous
honnêtes gens de père en fils, mon bon
Monsieur ; il n'y a jamais eu dans la famille
personne de capable de faire tort à qui
que ce soit ; et André est honnête aussi,
et un bon garçon comme il y en a peu ; et
ce matin, quand il m'a montré une pièce
d'or, j'ai été abasourdi. — Où as-tu pris
cela, malheureux ? lui ai-je dit? — Je ne
l'ai pas pris, a-t-il répondu, c'est Monsieur
qui me l'a donné pour que j'aille ce soir
jouer de la vielle au château. J'ai regardé
le petit, et comme il était rougeot ni plus
ni moins que d'ordinaire, j'ai pensé que
vous vous étiez trompé, parce que l'enfant
n'a jamais menti, et que pour la première

fois il aurait changé de couleur, voyez-vous. Voilà votre pièce d'or, Monsieur. L'enfant ne l'a prise que parce qu'il n'en connaissait pas la valeur, n'en ayant jamais vu.

M. BERNARD.

Gardez cette pièce, mon ami, je ne me suis pas trompé, j'ai bien voulu la donner à André pour prix de sa chanson.

ANTOINE.

Bien obligé, Monsieur, mais c'est beaucoup plus que ça ne vaut.

ANDRÉ (*frappant dans ses mains*).

Que je suis content ! mon père, voilà de quoi vous guérir... Et dire que c'est moi qui l'ai gagné !... O mon bon Monsieur, je vous chanterai tout ce que je sais de plus joli, et tant que vous voudrez, encore.

M. BERNARD (*à M. Hamelin*).

Que de vertus cachées sous des haillons !...

M. HAMELIN.

Il y a quelquefois tant de vices sous de beaux habits !... le fait est que voilà un

procédé bien délicat pour un homme né-
cessiteux.

M. BERNARD (*à Antoine*).

Vous devez être fatigué, mon brave
homme. (*A François*.) François, condui-
sez-les à la cuisine, et qu'on les fasse souper.

SCÈNE III.

M. BERNARD, M. HAMELIN, JULIEN, CHARLES et
EDMOND, qui entrent par une autre porte que celle
par laquelle FRANÇOIS, ANTOINE et ANDRÉ viennent de sortir.

EDMOND (*poussant un cri d'admiration*).

Oh! la belle collation! que de gâteaux
sur cette table !

CHARLES (*s'approhant de l'autre table*).
Les jolis joujoux!

JULIEN:
Pour qui sont-ils, mon oncle? Est-ce que
vous ne me donnerez rien de toutes ces
belles choses?

M. BERNARD.

Tout cela est pour vous, mes enfants, et
vous allez partager comme de bons frères.

EDMOND.

O Monsieur, que vous êtes bon !

JULIEN.

Moi, je veux le tambour et le sabre, d'abord. (*Il s'en empare.*)

M. BERNARD (*les lui ôtant*).

Doucement, Julien, tu me laisseras le plaisir de les distribuer moi-même. Voyons, Charles, toi qui es l'aîné,` que préfères-tu de tout cela?

M. HAMELIN.

Quand je te dis que tu les gâtes !

M. BERNARD.

Laisse-moi donc faire. (*Donnant une boîte à Charles.*) Voilà qui t'est destiné, cela pourra te servir à quelque chose.

JULIEN.

Et moi, mon oncle ?

EDMOND *à* CHARLES.

Ouvre donc vite... Je meurs d'envie de savoir ce qu'il y a dedans. ·

CHARLES (*ouvrant la boîte.*)

C'est un étui de mathématiques. Oh ! que je vous remercie, Monsieur !

M. HAMELIN.

C'est vraiment un fort joli cadeau.

M. BERNARD.

Cette giberne et ce fusil seront pour Edmond.

EDMOND (*sautant de joie*).

Oh! que je suis content, que je suis heureux! (*Il passe la giberne, prend le fusil et se met à faire l'exercice.*) Voyez donc, papa, si je n'ai pas l'air d'un soldat véritable.

M. BERNARD (*souriant*).

Très bien, mon ami. Ce petit cheval revient encore à Charles, car il est juste qu'il ait aussi quelque chose pour s'amuser : il n'est pas en âge d'y renoncer tout-à-fait.

M. HAMELIN.

Tu vas leur faire tourner la tête de plaisir.

JULIEN (*d'un ton boudeur*).

Mais, mon oncle, si vous donnez tout aux autres, il ne restera rien pour moi.

M. BERNARD.

Ton tour viendra, Julien ; voilà le tambour et le sabre que tu avais demandés d'abord, et, de plus, deux volumes de jolis contes avec de belles gravures.

JULIEN (*toujours boudeur*).

J'aurais mieux aimé le cheval. Je n'ai pas le temps de lire, moi; c'est bien assez de mes leçons.

M. BERNARD (*à part*).

Il sera toujours le même ! cet enfant me cause réellement du chagrin.

CHARLES.

Veux-tu changer, Julien, puisque cela te tient au cœur?

JULIEN.

Oui, certainement.

CHARLES.

Eh bien ! voilà qui est convenu, prends le cheval et donne-moi les livres. Ça t'arrange-t-il, comme ça ?

JULIEN.

Oui.

M. BERNARD.

Tu es un bon garçon, Charles. Etes-vous tous contents, mes enfants ?

JULIEN.

Oui, mon oncle.

CHARLES.

Plus que je ne pourrais dire, et je vous remercie infiniment, Monsieur.

EDMOND.

Portez armes... Présentez armes... C'est charmant. Que nous allons nous amuser !

M. BERNARD.

Eh bien ! mes enfants, donnez-vous en à cœur joie. Voilà une collation qui vous est destinée. Mettez-vous à table quand bon vous semblera, et buvez à ma santé... Je vais appeler M. Riquier.

M. HAMELIN (*à ses fils*).

Je n'ai pas besoin de vous recommander de vous bien conduire.

SCÈNE IV.

JULIEN, CHARLES, EDMOND.

CHARLES.

A quel jeu allons-nous jouer?

EDMOND.

A la guerre. Je serai le capitaine, et vous autres les soldats; je vous commanderai : En joue... feu...

JULIEN.

Mais pas du tout, c'est moi qui veux commander.

EDMOND.

Tirons au sort.

JULIEN.

Non, d'ailleurs je n'aime pas ce jeu-là.

EDMOND.

Eh bien ! jouons à colin-maillard.

CHARLES.

Soit.

JULIEN.

C'est bête comme tout.

EDMOND.

Julien n'est jamais de l'avis des autres.

CHARLES.

Mon avis est de commencer par goûter, pour nous mettre d'accord.

JULIEN ET EDMOND.

Oui, oui, à table.

EDMOND.

Ce sera toi qui serviras, Charles, puisque tu es le plus grand.

CHARLES.

Non, c'est à Julien à faire les honneurs

de la table, puisque nous sommes chez lui.

CHARLES.

JULIEN.

Je ne saurais pas, moi. Fais les portions,
Charles.

CHARLES.

A la bonne heure. Veux-tu de cette tarte?
(*Il les sert.*)

SCÈNE V.

Les précédents, ANDRÉ (avec la vielle.)

JULIEN.

Qu'est-ce que c'est que ce petit gar-
çon-là?

ANDRÉ (*timidement.*)

Voulez-vous entendre ma chansonnette,
mes petits messieurs?

EDMOND.

Oui, oui, dis-nous ta chanson, mon ami.

ANDRÉ (*chantant*).

L'enfant de la montagne
Descend d'un pied léger
Dans la verte campagne
En pays étranger.
Pauvre petit, que va-t-il faire?...
Gagner son pain de chaque jour,
Et quelque argent, qu'à son retour,
Il donne, joyeux, à sa mère.

EDMOND.

Qu'il est gentil !

ANDRÉ.

Le cœur plein de courage,
Il grimpe sur les toits ;
Et, comme d'un nuage,
Fait entendre sa voix.
Il chante aussi dans la chaumière,
Il chante encore dans la cité ;
Pourrait-il perdre la gaîté
Qui donne du pain à sa mère !

CHARLES.

Ta voix est réellement fort jolie, mon garçon. Tiens, voilà pour ta peine. (*Il tire sa bourse et lui donne deux sous. Edmond en fait autant.*)

ANDRÉ.

Gardez votre argent, mes petits messieurs, je suis payé d'avance, et bien payé, je vous assure.

EDMOND.

Prenez toujours cela.

JULIEN.

Et moi, je veux te payer aussi ; (*Avec orgueil.*) mais te payer en argent, et non en cuivre, comme ces messieurs ; voilà dix

sous, rien que pour ma part, hein!... Tu
peux t'en aller, maintenant.

ANDRÉ.

Merci, mes bons petits messieurs; mais
je ne prendrai rien de tout cela, ce ne serait pas bien, j'ai déjà tant reçu dans cette
maison.

JULIEN.

Comme tu voudras.

CHARLES.

Alors tu vas manger de la tarte avec nous.

EDMOND.

Moi je lui donne ma portion.

CHARLES.

Non, un morceau à chacun.

JULIEN.

Ah! çà, je vous trouve plaisants. Est-ce
que ce petit Savoyard va manger avec nous?

EDMOND.

Et pourquoi pas? (*A André.*) Assieds-toi
près de moi, mon ami.

JULIEN.

C'est cela, faites-le asseoir à table. Si
vous n'étiez que tous les deux, à la bonne
heure; mais moi, je n'ai pas l'habitude de

manger avec des paysans. Voyez comme
sa veste est grossière. Fi donc !

CHARLES.

Tu as tort, Julien ; cet enfant est très
propre, est-ce sa faute si ses habits ne sont
pas aussi beaux que les tiens?

EDMOND.

C'est qu'il n'a pas un oncle riche pour
lui en fournir. (*A André.*) Viens, mon petit.
(*Il le prend par la main.*)

JULIEN.

Je ne veux pas, moi.

ANDRÉ (*reculant*).

Oh ! je vous en prie, Monsieur... je
suis venu pour vous amuser, et non pour
vous faire quereller. Voulez-vous que je
vous joue un petit air sur ma vielle ? (*Il
commence.*)

EDMOND.

Oui, oui, une valse, c'est charmant. Val-
sons ensemble, mon frère.

JULIEN.

Non, avec moi. (*Ils font un tour de valse.*)

EDMOND.

Tu ne vas pas en mesure.

JULIEN.

C'est la faute du Savoyard, qui joue mal.

CHARLES.

Pas du tout, il va très bien, au contraire; courage, mon enfant.

JULIEN.

Vous verrez qu'il aura raison contre moi. Quand je vous dis que vous n'êtes bons qu'à me taquiner. Eh bien ! restez avec lui, puisqu'il vous plaît tant ; je vous laisse, moi. (*Il prend le plus gros gâteau, et s'en va en battant du tambour.*)

CHARLES (*allant à lui*).

Reste donc, Julien; ne te fâche pas ainsi.

EDMOND (*arrêtant Charles*).

Laisse aller ce petit grognon, mon frère; nous ne nous en amuserons que mieux. (*A André.*) Comment t'appelles-tu, petit?

ANDRÉ (*saluant*).

André, pour vous servir, mon bon Monsieur.

CHARLES.

Eh bien ! André, mange ce morceau de gâteau, je suis sûr que tu vas le trouver

10

excellent. (*André mord dans le gâteau, et met le reste dans sa poche.*) Est-ce qu'il n'est pas de ton goût?

ANDRÉ.

Si vraiment, mon bon Monsieur, mais c'est qu'avec votre permission, je voudrais en garder pour mon père, je suis sûr qu'il n'a jamais rien goûté d'aussi bon.

EDMOND.

Mange toujours, et tu garderas pour ton père ma portion, que je te donne aussi.

ANDRÉ.

Oh non! Monsieur, je ne voudrais pas vous en priver.

EDMOND.

Sois tranquille, il ne nous manque pas de bonnes choses, regarde plutôt.

ANDRÉ.

Je n'en avais jamais tant vu. Nous ne mangeons que du pain noir, nous autres.

EDMOND.

Pauvre enfant! de quel pays es-tu donc?

ANDRÉ.

Mon père est Savoyard; moi je ne sais

pas ; nous n'avons pas de pays ; nous courons, nous courons toujours, et nous nous
arrêtons partout où nous trouvons à gagner
notre vie. Il y a des jours où ça va bien,
d'autres où le travail ne va pas. Alors on
tâche de gagner quelques sous en jouant
de la vielle, mais ça ne réussit pas toujours ; quelquefois on fait cercle autour de
moi, et puis quand j'ai fini, l'on s'en va
sans me rien donner ; alors, j'ai le cœur
gros, surtout quand mon père est malade,
et que je n'ai rien pour le soigner. Il y en a
qui me disent des sottises par dessus le
marché. C'est que tout le monde n'est pas
bon comme vous, mes petits messieurs.

CHARLES.

Ceux qui s'en vont sans te rien donner
n'ont peut-être pas d'argent eux-mêmes,
mais ceux qui disent des sottises aux pauvres sont des méchants.

ANDRÉ.

Oh ! si jamais j'étais riche, comme je serais bon pour les pauvres Savoyards !

SCÈNE VI.

Les précédents, FRANÇOIS.

FRANÇOIS.

Monsieur Riquier demande ces messieurs.

CHARLES.

C'est sans doute pour la répétition; nous y allons tout de suite. Attends-nous un instant, nous allons voir ce que c'est, et nous revenons te trouver; tu nous seras peut-être utile avec ta jolie petite voix.

ANDRÉ.

Je ne bouge pas de place jusqu'à votre retour.

SCÈNE VII.

ANDRÉ.

Qu'ils sont aimables, ces petits messieurs! point fiers, point arrogants; quelle différence avec celui qui est sorti en grognant!... Que pourrai-je leur chanter qui les amuse, lorsqu'ils retourneront?... La chanson du matelot?... Non, non... celle du petit Savoyard, c'est plus joli, tra la la la. (*Il fredonne*). C'est celle que je sais le mieux... Le bon dîner qu'ils ont là, et que c'est agréable d'être riche ! on peut donner à ceux qui n'ont rien, comme ils viennent de le faire pour moi.

SCÈNE VIII.

ANDRÉ, JULIEN.

JULIEN.

Les malhonnêtes ! ils viennent me voir et ils me laissent tout seul... Je m'ennuie à mourir. Tout le monde me fuit ici, c'est comme au collège. Je suis d'une humeur de chien, sans compter que si je vais me plaindre à M. Riquier, il me dira que c'est ma faute, encore... Je me battrais de dépit, tant je suis en colère. (*Apercevant André.*) Que fais-tu là, toi?

ANDRÉ.

Ces bons petits messieurs qui étaient avec vous m'ont dit de les attendre, et je les attends.

JULIEN.

Et moi je t'avais dit de t'en aller. Qui

10.

est-ce qui commande ici?... c'est moi qui
suis le maître, entends-tu? Eux sont des
étrangers qui sont venus pour un jour ou
deux, et qui s'en iront bientôt, j'espère.
Ainsi, sors tout de suite.

ANDRÉ.

Oui, oui. Mais dites-moi où je pourrai
les retrouver?

JULIEN.

Est-ce que je le sais, moi? Crois-tu que
je vais me déranger pour toi? Cherche-les,
puisqu'ils sont tes amis.

ANDRÉ.

C'est ce que je vais faire, Monsieur. Je
les aime bien, car tout le monde n'est pas
bon comme eux.

JULIEN.

Impertinent! j'ai envie de te battre pour
t'apprendre à parler comme cela. Est-ce
que je ne voulais pas te donner dix sous
au lieu de deux? Est-ce que c'est ma faute
si tu ne les a pas voulus? Va-t'en, va-t'en,
tu m'ennuies.

ANDRÉ.

Ne vous fâchez pas, je sors.

JULIEN.

A la bonne heure... Eh bien! que re-
viens-tu faire encore?

ANDRÉ.

Prendre ma vielle, que j'ai laissée là
près de la table où étaient ces messieurs.

JULIEN (*lui barrant le passage*).

Je ne veux plus te voir, te dis-je, je suis
fatigué d'eux et de toi.

ANDRÉ.

Mais ma vielle.

JULIEN.

Sortiras-tu?..... (*Il le pousse rudement;
André tombe en jetant un cri; il se frappe
la tête contre l'angle de la table, le sang
coule.*) Ça t'apprendra... Ah! mon Dieu!...
il ne bouge plus. (*Allant à lui, et s'effor-
çant de le relever.*) Petit! petit! ce n'est
rien, relève-toi, je te donnerai tout ce qui
est dans ma bourse, tous mes joujous, mais
tu ne le diras pas à mon oncle, ni à M. Riquier, ils me puniraient bien fort, vois-
tu!... Il ne répond rien... que je suis malheureux, et comment vais-je faire?...
(*Voyant du sang.*) O mon Dieu! le voilà

qui saigne... S'il était mort!... si je l'avais
tué!... Maudite colère! méchant, malheureux que je suis! Mon oncle!... M. Riquier! François! Au secours! au secours!

SCÈNE IX.

JULIEN, ANDRÉ, M. BERNARD, CHARLES, EDMOND,
FRANÇOIS.

M. BERNARD.

Qu'as-tu donc à crier ainsi, Julien?...
Que vois-je? Cet enfant étendu à terre et
sans mouvement... que lui est-il donc arrivé?

EDMOND.

Pauvre André! (*Tous l'entourent*).

JULIEN (*sanglotant*).

Ah! mon oncle, c'est moi qui l'ai poussé,
qui l'ai fait tomber... et depuis lors il ne
bouge plus... Je l'ai tué...

M. BERNARD (*douloureusement*).

Quand je disais que ma maison porte
malheur!... (*Il relève André.*) François,
cours appeler M. Hamelin, il a des con-
naissances en médecine... Pauvre enfant,
si jeune et si intéressant.

JULIEN (*se frappant la tête*).

Ah ! maudite colère ! Pauvre petit ! Je ne veux plus être méchant.

SCÈNE X.

Les précédents, ANTOINE, M. HAMELIN.

M. ANTOINE.

Où est-il? où est-il? Mon pauvre André, mon enfant ! (*Il le prend dans ses bras.*) Qui m'aurait dit un pareil malheur? ne vaudrait-il pas mieux que ce fût moi, qui suis vieux et infirme?

M. HAMELIN.

Rassurez-vous, il n'est qu'évanoui, ça ne sera rien.

JULIEN.

ANDRÉ (*ouvrant les yeux*).

C'est vous, mon père ?

ANTOINE.

Oui, oui, c'est moi, mon garçon. Le coup a porté au front; ça te fait-il grand mal?

ANDRÉ.

Non, mon père, un peu mal, pas beaucoup.

ANTOINE.

Cher enfant !

M. HAMELIN.

Nous allons le panser, et dans trois ou quatre jours il n'y paraîtra plus.

ANTOINE.

Dieu le veuille ! car il est si bon, cet enfant, s'il mourait j'en mourrais aussi. Je n'ai plus que lui au monde, moi... Il serait mon propre fils, que je ne pourrais pas l'aimer davantage.

M. BERNARD.

Que dites-vous donc, mon brave homme? André n'est pas votre fils?

ANTOINE.

C'est tout comme quand une poule a couvé des œufs de cane, elle aime les petits canards autant qu'elle aimerait ses poussins. C'est la même chose des hommes, voyez-vous : les soins que nous donnons à un enfant nous y attachent plus que le sang.

M. BERNARD (*avec émotion*).

Il est donc votre neveu, votre parent, enfin?

ANTOINE.

Mieux que ça... il est mon fils... mon fils par l'amour que j'ai pour lui, et par celui qu'il a pour le vieux Antoine, n'est-ce pas André? (*Il l'embrasse.*)

ANDRÉ.

Oui, mon bon père.

M. BERNARD (*vivement*).

Mais puisqu'il n'est pas votre parent, vous connaissez du moins les siens? Comment se trouve-t-il à votre charge?

ANTOINE.

Ça, c'est toute une histoire, mon bon Monsieur. La première fois que je vis ce petit gars, vous ne lui auriez pas donné deux heures de vie, tant il était maigre et pâle. Il ne lui restait plus que le souffle; et aujourd'hui il est gros et gras, quoique je n'aie jamais eu que du pain noir à lui donner. Le bon Dieu arrange tout pour le mieux, Monsieur. Je vas vous conter toute l'affaire, comme la chose est arrivée, il y a cinq ans.

M. BERNARD.

Cinq ans! (*A part.*) Il y a cinq ans aussi

que j'ai perdu mon fils. Parlez, parlez vite.

M. HAMELIN (*à part*).

Je parie qu'il se persuade déjà qu'André est son fils. Pauvre Bernard, il croit voir son Emile dans tous les enfants de huit à neuf ans.

ANTOINE.

Je retournais dans mon pays, où il y avait longtemps que je n'avais pas reparu. Un beau matin, me voilà au pied de la montagne de Sallanche, il ne me restait plus que celle-là à monter pour arriver à mon village. Ça va bien; j'étais content de revoir le pays, et le cœur me battait de joie. Je m'assieds contre un arbre pour respirer un peu, car je n'en pouvais plus. Tout-à-coup j'entends près de moi un petit cri, puis un autre; je cherche tout autour, et je trouve au pied d'un buisson mon pauvre petit André que voici, couché sur un peu de paille et pâle comme un mort. Je le prends dans mes bras et je l'emporte; il ne criait plus, on aurait dit qu'il était content. En arrivant près du village, je vois de loin une troupe de sauteurs, de faiseurs de tours qui s'en allaient devant moi avec leur charrette. Ce sont eux, les misérables, qui ont abandonné cet enfant, me dis-je.

— Venez le reprendre, que je leur crie, malheureux que vous êtes.

— Passez votre chemin, me répond le chef de la bande, ce petiot n'est pas à nous, que voulez-vous que nous fassions d'un enfant qui va mourir?

— Allons, que je me dis, il faut toujours l'emporter au village, et nous verrons plus tard.

M. BERNARD.

Et vous n'en avez pas su davantage?

ANTOINE.

Ecoutez jusqu'au bout. Arrivé au pays, je ne trouve plus ni ma mère ni ma sœur; elles étaient mortes toutes deux ; je vas chez ma cousine, et je lui conte l'affaire.

— Nous soignerons l'enfant, dit-elle ; j'en ai déjà trois, un de plus ou de moins ce n'est pas une affaire.

— Qu'il guérisse seulement et je le pren-

11

drai avec moi, lui dis-je, puisque le bon
Dieu me l'a envoyé; je n'ai point de famille, il me tiendra lieu de fils. Nous cou-
chons le petit, qui ne soufflait mot, puis
je m'en vais à mes affaires. A l'entrée de
la nuit, comme je revenais chez ma cousine, je me sens tiré par la veste, et en me
retournant je vois une jeune fille à moitié
nue, sauf votre respect, qui me dit comme ça :

— Qu'as-tu fait de l'enfant de ce matin?
Je lui réponds :

— On le soigne bien où il est, mais s'il
est à vous je vais vous le rendre.

— Non, dit-elle, il sera plus heureux
avec toi, car je ne suis pas la maîtresse. Il
était beau comme un amour, ce qui fit que
mon père l'enleva à Paris pour augmenter
notre troupe; mais le petit s'est pris de
tristesse, il est tombé bien malade, et mon
père, voyant qu'il ne servait qu'à nous em-
barrasser, l'a abandonné dans un buisson,
en disant :

—Il mourra aussi bien là qu'ailleurs;

moi je pleurais et je voulais l'amener, parce que j'en avais pitié et que je l'aimais ; mais le père m'a battue, et c'est lui qui commande. Voici un cordon en cheveux et un portrait de femme que j'ai trouvés sur le petit quand je l'ai déshabillé pour la première fois ; je suis venue te les apporter, parce que si par hasard il en échappait, cela pourrait lui servir à retrouver ses parents. Elle s'enfuit à ces mots, et je ne l'ai plus revue.

M. BERNARD.

C'est lui !... c'est lui !... (*Il se laisse aller sur un fauteuil, prêt à se trouver mal.*)

ANTOINE.

Eh bien ! qu'avez-vous donc, Monsieur?

M. HAMELIN.

Bernard, mon ami... il serait possible ? (*Il le soutient.*) Ton fils avait-il un portrait sur lui?

M. BERNARD.

Celui de sa mère... André, André, tu es mon fils ! (*Il le prend dans ses bras.*)

ANTOINE.

Quoi, Monsieur!...

ANDRÉ.

Ah! mon Dieu! est-ce donc vrai, mon père Antoine?

ANTOINE.

Eh! mon Dieu! cela se pourrait tout de même. Voilà le portrait... J'ai eu besoin d'argent bien des fois, mais je n'ai jamais voulu le vendre.

M. BERNARD.

C'est bien le portrait de ma pauvre Emilie! O mon fils, mon fils!... j'en mourrai de bonheur!

ANTOINE.

Et moi de chagrin... André, te voilà riche, j'en suis content pour toi... mais le pauvre Antoine n'a plus de fils... (*Il pleure.*)

ANDRÉ (*se jetant dans ses bras.*)

Oh! vous serez toujours mon père, je ne veux pas vous quitter!

M. BERNARD.

Il ne nous quittera pas, non plus. An-

toine, vous demeurerez auprès de moi, je
vous dois trop pour qu'il en soit autrement.

SCÈNE XI.

Les précédents, le Précepteur, chœur de jeunes
paysans, portant des corbeilles de fleurs. JULIEN,
CHARLES et EDMOND offrent des bouquets à
M. BERNARD.

CŒUR DE JEUNES PAYSANS.

La voix de la reconnaissance,
Et celle du plus tendre amour
S'élèvent de nos cœurs pour chanter en ce jour...

M. BERNARD (*les interrompant*).

Assez, mes amis ; merci, merci, mille
fois.

LE PRÉCEPTEUR (*un bouquet à la main*).

Monsieur, nous vous souhaitons une
bonne fête.

M. BERNARD.

Je reçois vos bouquets avec reconnaissance ; mais celui qu'Antoine m'a donné

est au-dessus de tout prix, vous en apprendrez l'histoire à table, mes enfants, et je veux que chaque année nous en fêtions l'anniversaire.

FIN.

Limoges. — Imp. Eugène Ardant et Cie.

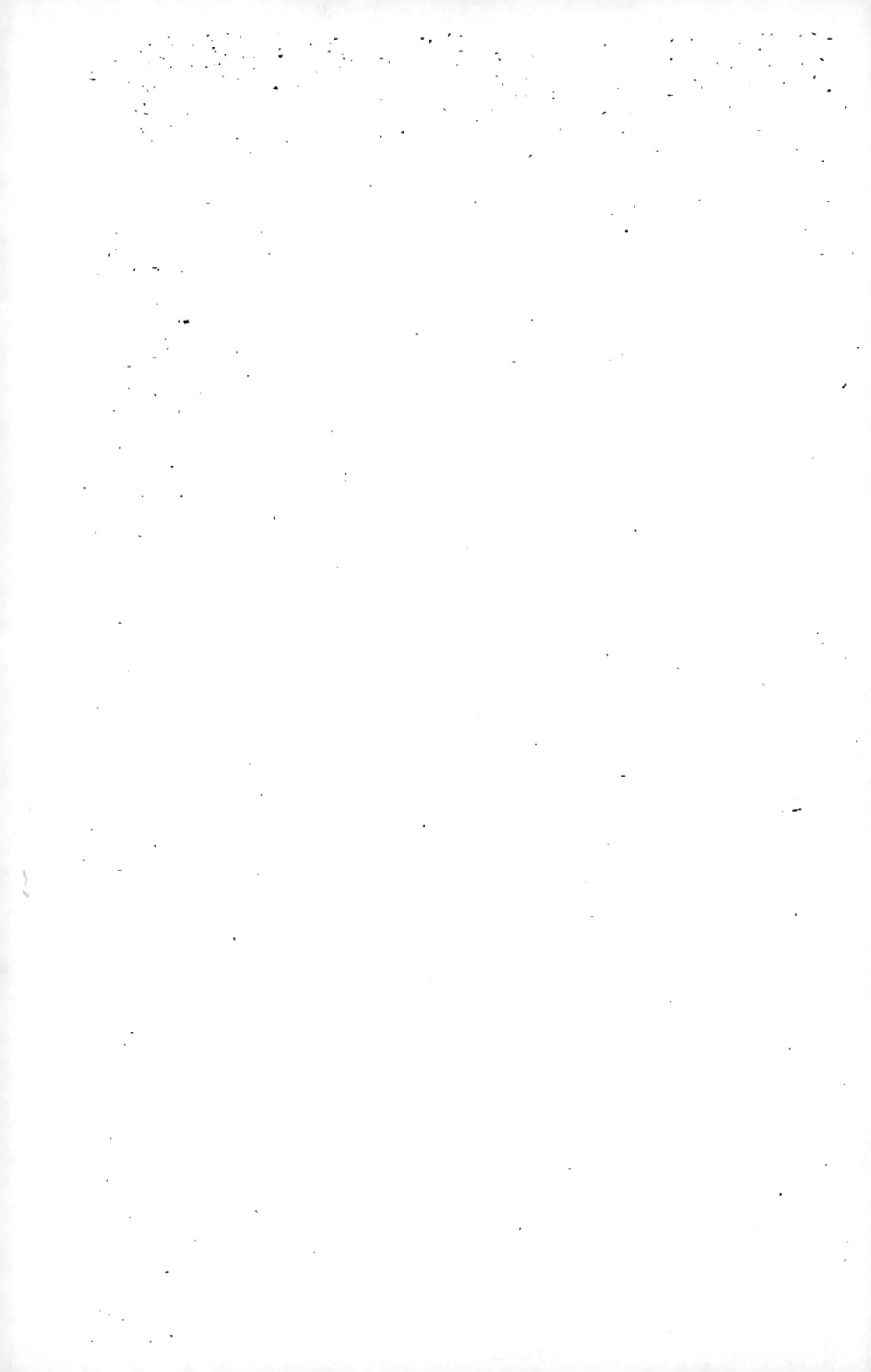

www.ingramcontent.com/pod-product-compliance
Lightning Source LLC
Chambersburg PA
CBHW072020080426

42733CB00010B/1768